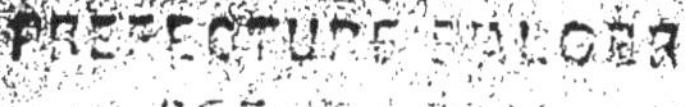

ALGER
WARGLA
LAC TCHAD

PAR

MARIO VIVAREZ
INGÉNIEUR
CONSEILLER GÉNÉRAL

ALGER
ADOLPHE JOURDAN, LIBRAIRE-ÉDITEUR
IMPRIMEUR-LIBRAIRE DE L'ACADÉMIE
4, PLACE DU GOUVERNEMENT, 4

1891

EN VENTE A LA MÊME LIBRAIRIE

VIVAREZ (MARIO), INGÉNIEUR, CONSEILLER GÉNÉRAL.

La Zériba du Bénoué-Keubbi, *création d'une factorerie française dans l'Afrique centrale.*

L'Halfa, *étude industrielle et botanique.*

Le Soudan algérien.

Les bancs perliers des îles Bahreïn (*sous presse*).

COYNE, O. ✱, I. ✿, ANCIEN CHEF DE BUREAU ARABE.

Le M'zab, *avec une carte.* Brochure in-8° . . . . **1 fr. 50**

GRAMMONT (H.-D. DE), ✱, A. ✿, PRÉSIDENT DE LA SOCIÉTÉ HISTORIQUE ALGÉRIENNE.

Correspondance des Consuls d'Alger (1690-1742). 1 vol. in-8°. **6 fr.**

LE ROUX (J. M.) ✱, CAPITAINE, ANCIEN CHEF DE BUREAU ARABE.

Essai de Dictionnaire français-haoussa et haoussa-français, précédé d'un Essai de grammaire de la langue haoussa, *magana n haoussa*, renfermant les Éléments du langage parlé par les Nègres du Soudan, accompagné d'une carte de l'Afrique septentrionale. 1 beau vol. in-4°, cartonné percaline . . . . **12 fr.**

RINN (LOUIS), O. ✱, I. ✿, ANCIEN CHEF DU SERVICE CENTRAL DES AFFAIRES INDIGÈNES, CONSEILLER DE GOUVERNEMENT.

Marabouts et Khouan. *Étude sur l'Islam en Algérie.* 1 fort vol. in-8°, avec une carte de l'Algérie indiquant la marche, la situation et l'importance des ordres religieux musulmans, tirée en 12 couleurs, sur 4 feuilles grand raisin. . . . . **15 fr.**

Histoire de l'insurrection de 1871 en Algérie, avec deux cartes. 1 fort vol. in-8° . . . . **15 fr.**

ROBIN (N.), O. ✱, I. ✿, LIEUTENANT-COLONEL, ANCIEN CHEF DU BUREAU ARABE DIVISIONNAIRE D'ALGER.

Histoire du Chérif Bou-Bar'la. 1 vol. in-8°. . . . . . . **7 fr. 50**

TRUMELET (C.), C. ✱, I. ✿, COLONEL EN RETRAITE.

Histoire de l'insurrection des Oulad-Sidi-ech-Chikh (Sud-algérien), *1864 à 1880.* 1 vol. in-8°. . . . . **15 fr.**

Blida. Récits selon la légende, la tradition, etc. 2 vol. in-18. . **7 fr.**

Bou-Farik. *Une page de l'histoire de la Colonisation algérienne.* 2e édition, 1 vol. in-18 . . . . **4 fr.**

VILLOT (ÉDOUARD), O. ✱, ANCIEN CHEF DE BUREAU ARABE.

Mœurs, Coutumes et Institutions des Indigènes de l'Algérie. 3e édition. 1 vol. grand in-18. . . . . **3 fr. 50**

ALGER. — TYPOGRAPHIE ET LITHOGRAPHIE ADOLPHE JOURDAN.

ALGER — WARGLA — LAC TCHAD

ALGER
WARGLA
LAC TCHAD

PAR

MARIO VIVAREZ
INGÉNIEUR
CONSEILLER GÉNÉRAL

ALGER
ADOLPHE JOURDAN, LIBRAIRE-ÉDITEUR
4, PLACE DU GOUVERNEMENT, 4

1891

ALGER — WARGLA — LAC TCHAD

Réponse à l'Auteur

DE

" PARIS AU SOUDAN "

L'ouvrage que vient de publier notre sympathique et très érudit collègue du Conseil général, M. E. Broussais, mérite certainement les éloges qui lui ont été unanimement décernés. Quiconque désire se faire une idée raisonnée de la grande question à l'ordre du jour touchant la pénétration de l'Afrique centrale, doit lire « *De Paris au Soudan* ». On trouve, en effet, intelligemment condensée dans ce volume, la majeure partie de ce qui a été publié sur ce projet grandiose, sans compter des données originales puisées par l'auteur auprès des Touaregs de l'Ouest, durant leur internement à Alger.

Les gens aux vues pratiques seront étonnés, après avoir lu cet ouvrage, qu'on n'ait point songé plus tôt, que l'on tarde encore à exploiter les sources de richesses si proches qui sont rappelées dans cet intéressant travail. Les curieux des terres inconnues s'apercevront que les régions généralement ignorées du Çahara ne sont plus couvertes que d'un voile qui se déchire de toute part; les politiciens, enfin, toucheront du doigt, peut-être, ou au point de vue de la nécessité d'une occupation immédiate.

En est-il réellement ainsi ?

La Sénégambie compte 1,500,000 habitants. Son commerce, en y comprenant celui des possessions françaises du Gabon, de la Guinée, de la côte occidentale d'Afrique, se chiffre, approximativement, exportations et importations réunies par 55 millions, représentant un trafic utile de 64,000 tonnes et un mouvement annuel de 222 navires — dont 49 sous pavillon étranger — jaugeant 120,000 tonneaux indiqués. Si l'on ajoute au chiffre de la population précitée, celui provenant de tous les États mandingues gravitant dans le rayon de notre influence, on n'atteint pas quatre millions d'individus pour tout le Soudan français, dont la superficie est cependant plus de dix fois supérieure au territoire Algérien.

Le Wassoulou est, il est vrai, fertile et surtout célèbre par ses gîtes aurifères, ainsi que le Bouré, mais, en réalité, tout cela est suffisamment desservi par les compagnies maritimes existantes, dont on ne peut vouloir ni espérer la ruine et la suppression. Ce n'est pas l'appoint du versant nord des monts Kong, non plus que l'augmentation certaine de la consommation — véritable harmonique de toute amélioration des communications — qui suffiront probablement pour alimenter le trafic nécessaire d'un railway.

Sans doute, il est possible que le Transit Sud-Américain, — lequel sera rapidement d'une importance notable — soit disposé à traverser l'Atlantique selon la plus courte loxodromie pour gagner le railway « *Sénégal-Méditerranée* » et raccourcir ainsi, dans des proportions considérables la longueur du trajet actuel (1). Toutefois, nous n'imaginons pas que ce soit dans ce but

(1) Neuf jours suffiraient dès lors pour se rendre de Marseille au Brésil.

et avec cette arrière-pensée, non plus que dans l'idée de faciliter l'exploitation fort convoitée des mines d'or mandingues, que les partisans du terminus Niger préconisent leur solution.

C'est une affaire nationale française à la fois politique et commerciale qu'il s'agit de réaliser, la question politique ayant nécessairement pour objectif pratique les résultats commerciaux. Eh bien, la valeur commerciale du Soudan occidental, tirée de ses ressources naturelles, de sa population, ne semble pas légitimer, au premier chef, la nécessité d'une concurrence par terre aux services maritimes en fonctionnement et surtout la préférence accordée à cette région.

Orographiquement, politiquement et par suite commercialement, le Soudan occidental est une région fermée. Les Anglais l'enclavent en effet au Sud et au Sud-Ouest ; les déserts la pressent au Nord-Est, tandis que les montagnes de la rive gauche du Niger l'enserrent à l'Est, la séparant ainsi du Soudan central. C'est donc un champ d'action absolument limité autour duquel aucun rayonnement utile n'est possible : son railway sera la voie fatalement battue par la mer.

Dans ces conditions, nous pensons qu'établir une ligne ferrée de pénétration en vue d'un résultat si modeste, serait comme dit Franklin « *acheter trop cher un sifflet* ». Nous admettrions toutefois volontiers la création d'une telle ligne, non point comme pénétration du Soudan, mais comme voie de commerce internationale, de la Guinée, du Sud américain et de la côte occidentale d'Afrique. On nous accordera bien cependant que cet objectif spécial est totalement différent du véritable but qu'il importe d'atteindre.

Ce n'est pas non plus le Çahara, ainsi que le dit M. Broussais, — lorsqu'il considère le Touât comme un autre objectif principal — que vise l'opinion, non seulement de la France, mais encore celle de tous les peuples civilisés, et ce n'est point par un railway d'allure régionale, progressant en feston, entre le 36e degré de latitude et le 14e parallèle nord, que le résultat désirable peut être réalisé.

Sans doute, la définition de M. Broussais est bien l'expression synthétique qui embrasse le développement rationnel et complet de tout le réseau franco-africain; mais elle ne saurait être pour l'heure la réglementation d'un plan d'attaque, puisque les éléments de cette synthèse sont à construire et qu'ils se réduisent actuellement au Soudan occidental, dont nous venons de faire ressortir l'insuffisance, et au Touât, dont l'occupation ne peut avoir lieu qu'à la suite d'une entente diplomatique internationale réglementant le démembrement du Maroc.

Sans doute, il est regrettable pour nous qu'une telle situation existe, mais nous ne pouvons point, par cela seul que l'état de choses nous gêne, nier l'évidence des faits.

Certainement si nous nous y prenons à temps, si nous parons par une habile rapidité de manœuvre, à l'imminence du danger dont la pénétration par Tripoli nous menace, la France possédera avant peu, au Soudan, d'autres régions coloniales qu'il s'agira, dès lors, de relier avec toutes les autres possessions africaines. Ce sont ces pays du Soudan central, ces profondeurs immenses, habitées, fertiles et cultivées dont il faut au plus tôt s'assurer par la locomotive, seul moyen d'arriver et de se maintenir avec certitude. Le véritable point d'attaque à envisager est la région du Tchad, car par le fait des conditions géographiques qu'on ne peut nier, c'est là qu'est le nœud stratégique de la question, le point dominant et de puissance du Soudan central.

Cette situation du Tchad est trop connue pour que nous nous arrêtions à en développer les avantages. La seule inspection de la carte démontre clairement que ce lieu est la clé de toutes les régions fécondes de l'Afrique intertropicale; c'est vers lui que convergent toutes les routes; c'est de là que, par des voies naturelles, on peut rayonner en tous sens jusqu'au Congo belge, à l'Ogowé français, vers l'Abyssinie, le Golfe d'Aden, les missions françaises de l'Ouganda, Madagascar, et de la sorte, étendre notre empire commercial, civilisateur et pacifique sur plus de trois cents millions d'habitants.

Comparez aux forêts mandingues les richesses du Wadaï, du Bornou, du Baghérmé, du Wandala, du Logone, du Kanem ; mesurez l'étendue du rayon d'influence possible, et alors vous concluez sans hésitation que c'est au Tchad que la France doit nécessairement et tout d'abord aboutir, si toutefois elle brigue l'Empire des Indes Noires.

Ces considérations ne suffiront sans doute pas à convaincre certains esprits sceptiques qui doutent parce qu'ils ne veulent pas être convaincus. Que ceux-là veuillent bien méditer la lettre adressée récemment par M. G. Rolhfs à la *Gazette de Cologne*. Après avoir affirmé la fertilité surprenante de ces pays du Tchad qu'il compte parmi les plus favorisés de la terre, le célèbre explorateur allemand invite ses compatriotes à prendre au plus vite possession effective de ces contrées au sujet desquelles les conventions diplomatiques de 1889 n'ont introduit aucune hypothèse. Le gouvernement allemand n'est pas resté sourd à ces conseils. Deux missions ont, il est vrai, déjà échoué, car aux difficultés du passage parmi les monts du Ngaundéré est venue surtout se joindre l'hostilité occulte de l'Angleterre établie sur le haut Bénoué. Mais la ténacité et la méthode allemande auront facilement raison de ces obstacles. En attendant, félicitons-nous d'un retard qui permet aux nôtres d'arriver par des voies plus sûres. Puissent ces événements démontrer l'urgence de la solution par le Tchad !

Si, au lieu de nous laisser hypnotiser par cette idée plutôt sentimentale que pratique, de relier l'Algérie au Sénégal, ainsi que par le mirage séduisant des riches palmeraies du Touât, nous envisageons la question sous un point de vue plus élevé, nous ne pouvons nous empêcher d'observer, en considérant la carte de l'Afrique boréale, que la distribution géographique des terres soudanaises y groupe leur ensemble en deux massifs d'inégale valeur, orographiquement très distincts : l'un, Soudan occidental, région de montagnes et de bois ; l'autre, Soudan central, pays de grandes vallées s'ouvrant jusque sur l'Atlantique et comptant de populeuses cités. A ces deux zones différentes et dont les centres de gravité sont à 20 degrés d'écartement, doivent nécessairement correspondre deux exutoires différents, c'est-à-dire deux trans-çahariens, dont la nature s'est plue en quelque sorte, à jalonner la direction naturelle, par les deux lieux de dépression générale, l'Ighraghrar et le Touât, ces deux seules lignes d'eau permettant par l'Algérie l'accès rationnel du Soudan.

L'impossibilité économique d'aiguiller ces deux directions spéciales sur un axe unique, en un point quelconque de leur développement, apparaît du reste nettement, dès l'instant qu'on se propose de leur conserver la caractéristique indispensable de *voie directe de pénétration*, condition nécessaire pour soutenir et battre la concurrence fluviale et maritime, peut-être même celle des futurs railways étrangers.

Il est impossible de réduire ces deux solutions à l'unité ; poursuivre un tel problème semble aussi chimérique que de vouloir concilier d'une façon absolue, les deux termes du problème de la traction c'est-à-dire de remorquer à la plus grande vitesse les trains les plus lourds.

Quand on analyse théoriquement le projet Trans-Çaharien, la première idée qui vient à l'esprit est bien de tracer une direction unique et de déterminer la plus longue branche commune aux objectifs divers qu'on rêve de satisfaire à l'aide de bifurcations sensiblement équilatérales, de manière à éviter toute faveur de priorité. Toutefois, on s'aperçoit bien vite que si le tronçon commun diminue les frais de premier établissement, il grève par contre et d'une façon continue, indéfinie, le prix de revient du trafic, et qu'il n'est possible de réaliser la solution désirée qu'en faisant abstraction totale du principe fondamental d'après lequel s'oriente la direction axiale d'un railway d'intérêt général de pénétration.

L'obligation de réunir le plus directement possible l'origine à l'objectif, en suivant le chemin le plus court, le plus accessible, le mieux partagé en ressources d'eau avec les plus faibles rampes, les courbes les plus douces, de façon à permettre la réalisation des tarifs minima: telle est en effet la base fondamentale du tracé général d'un railway du genre considéré.

Ces conditions sont-elles remplies par le projet de M. Broussais ?

Nous ne le pensons pas plus aujourd'hui, malgré les arguments produits dans « *Paris-Soudan,* » que nous ne l'admettions il y a quelques mois, lorsque, analysant les diverses solutions réalisables, nous avons repoussé le crochet Goleah-Inçalah proposé par le lieutenant-colonel Hennebert — depuis rallié au tracé Wargla-Tchad — et considéré la direction Timissao-Tintelwoust qu'à titre de simple relation possible entre les deux tracés de l'Ighraghrar et du Touât.

Aussi bien la preuve de notre assertion devient évidente par une simple comparaison de mesures, sans parler pour le moment de l'insuffisance des gîtes d'eau et sans revenir sur ce qui a été dit concernant l'objectif visé.

Envisageons dans cet ordre d'idées le railway de pénétration avec le coude oriental du Niger comme objectif.

M. Broussais se propose de « relier rapidement: » alors que ne choisit-il la direction la plus courte !

Quelle est-elle ? Les chiffres répondent : Arzew, Aïn-Sefra, Bourroum.

On a en effet, comptées sur la ligne d'axe approximative, telle que les cartes actuelles permettent de l'établir, les distances suivantes :

Arzew-Ayn-Sefra . . .	465 k.	Alger-Goleah	880 k.
Ayn-Sefra-Taourirt. . .	870	Goleah-Akabli (parallèle de Taourirt). . . .	660
Total. . . .	1.335 k.	Total. . . .	1.540 k.

Ce qui démontre qu'à partir du parallèle Akabli-Taourirt le tracé In-Çalah-Goleah-Alger présente une augmentation de 205 kilomètres sur le tracé Ayn-Sefra-Oran.

Il est du reste évident que pour gagner Bourroum en partant de Taourirt, on n'aura pas besoin de décrire le circuit par Tirechchoumin selon le tracé Broussais ; que par Wallen, In-Zize, ou toute autre ligne de caravane à choisir sur le terrain, on pourrait atteindre plus directement le coude du Niger ; que, de la sorte, non seulement la section Taourirt-Bourroum ne sera pas plus longue que la section Akabli-Bourroum, mais qu'elle pourra même leur être inférieure de quelque cent kilomètres.

Dans ces conditions — en admettant le développement tel qu'il a été adopté par M. Broussais pour franchir le Batten du Tadmayt, arriver à Akabli (parallèle de Taourirt), développement qui semble singulièrement écourté, à certains esprits prudents, habitués aux surprises de l'orographie algérienne — il appert sans contestation possible, que *le tracé de Bourroum sur Oran est au moins plus direct, de 300 kilomètres, que la ligne Bourroum-El-Goleah-Alger.*

Quelle sera, dès lors, la voie principale ? l'oblique par

In-Çalah, plus longue de 300 kilomètres, comme le suppose M. Broussais, ou la directe sur Oran ?

Le doute n'est point permis. Tout ira à Oran, qui, en réalité, est bien la tête rationnelle du Trans-Çaharien occidental.

M. Broussais donne dans l'espèce deux raisons dominantes pour justifier son tracé.

Avec deux Trans-Çahariens distincts et parallèles, dit l'auteur de « Paris au Soudan », il faudra construire et exploiter 1840 kilom. de plus qu'avec le réseau proposé à tronçon commun développé jusqu'à l'embranchement d'Annefodjen.

Le tracé le plus convenable est *au point de vue de la spéculation* celui pour lequel le coût total annuel est un minimum.

L'ensemble du réseau Trans-Çaharien considéré, la combinaison proposée dans « Paris-Soudan » semble donc au premier abord, préférable, puisqu'elle est supposée économiser 1840 kilomètres de construction et d'exploitation sur le développement totalisé des deux autres Trans-Çahariens.

Remarquons tout d'abord que ces 1840 kilomètres d'économie se réduisent déjà des 785 kilomètres construits dans la section algérienne, selon les directions Oran-Ayn-Sefra, Philippeville-Biskra et qui continueront d'être exploités, que l'on fasse ou non les deux Trans-Çahariens.

D'autre part, il est démontré que le tracé par In-Çalah présente un développement supérieur de 600 kilomètres au tracé par l'Ighrarghar et de 300 kilomètres à celui direct sur Oran — de là, nouvelle diminution notable de l'avantage mentionné.

Enfin, l'étude des *longueurs virtuelles* du tracé par In-Çalah — notamment dans la section Laghrwat-Goleah-Silet, qui comportera des rampes et des courbes autrement importantes et diverses que dans le tracé par l'Ighraghrar, mais dont l'évaluation sincère ne peut être calculée que sur un profil sérieux — viendra réduire encore, dans de fortes proportions, la différence sur laquelle repose l'argument.

Mais ce n'est pas au point de vue de la spéculation proprement dite, que nous avons à envisager le réseau Trans-Çaharien, non plus qu'au point de vue — ainsi que cela a déjà été dit — de la relation de toutes les possessions françaises en Afrique, et, par suite, de tout le système réalisable.

. C'est le côté commercial, le trafic de l'Afrique centrale, le transport en Europe des éléments de ce trafic et au meilleur compte possible, qu'il s'agit de considérer.

Nous sommes en présence d'une quantité de marchandises à transporter du Soudan central à la Méditerranée: que coûtera ce transport? Il ne faut pas chercher autre chose, car c'est ainsi que le problème doit être posé. Dès lors, il est bien évident que c'est la grandeur réelle de la ligne qui doit diriger le choix ; que par suite, ce sont les lignes directes qu'il faut adopter et non pas une sorte de direction moyenne qui peut diminuer l'ensemble du réseau, mais cela au détriment de la rapidité, de la longueur, c'est-à-dire du prix de revient des communications spéciales qu'il s'agit d'établir.

Si du reste nous entrons dans cette voie d'économie, il faut alors pousser le raisonnement jusqu'au bout et dans l'hypothèse de M. Broussais, à partir d'Annefodjen, se diriger franchement sur *Oran* puisque cette direction nous évite au moins 200 kilomètres et nous permet l'utilisation de 465 kilomètres déjà construits. Cela n'empêcherait pas Alger de se relier à ce trans-çaharien occidental, mais il n'y a pas de raisonnement qui puisse donner à cette relation, la caractéristique et les avantages de la ligne directe.

La question se réduit à ceci : est-il commercialement préférable d'avoir un railway desservant à la fois le Soudan central et le Soudan occidental, mais grevant les marchandises respectivement de 600 kilomètres ou de 300 kilomètres en plus que les tracés directs? ou d'avoir deux trans-çahariens et même un seul trans-çaharien desservant la plus riche des deux régions, mais rendant à meilleur compte les articles du troc au littoral méditerranéen? Au point de vue commercial, la réponse est d'autant moins douteuse que le Soudan central peut, à lui seul, suffire au trafic de son railway direct.

Si le Soudan occidental peut également alimenter son railway spécial, qu'on le réalise encore.

Si le Soudan occidental ne comporte pas cette dépense, l'infériorité de cette région sur le Soudan central est dès lors démontrée et par suite, du même coup, la nécessité d'aller immédiatement et de préférence au lac Tchad.

Du reste, ce cas n'exclurait pas la pénétration *indirecte* du Soudan occidental, car il sera toujours possible, en un point déterminé de la section Amadghror-Barroua, de détacher une voie — dont l'établissement ne paraît point présenter de difficulté sérieuse — sur le Niger moyen, le Niger supérieur, ou vers le fond du golfe de Guinée.

La raison tirée de ce fait qu'Alger étant le centre économique de l'Algérie, doit par cela même être l'origine obligée du Trans-Çaharien, nous semble être quelque peu détournée de sa véritable signification, et, en tout cas, absolument neutralisée par la solution — plus courte — qui gagne directement les régions du Tchad, tout en ayant Alger comme origine principale.

Tel qu'il est présenté, cet argument sentimental paraîtra certainement insuffisant aux négociants qui calculent au centime près.

Il ne portera pas davantage sur nos autres compatriotes de France, qui jugeront sans hésiter que les différences en latitude d'Oran et d'Alger ne sont aucunement compensées par l'allongement inhérent au coude El-Goléah-In-Çalah.

La place du Gouvernement ne produira pas sur eux

l'effet fascinateur qu'il détermine chez beaucoup d'entre nous.

Le seul fait que cet argument entrainera sera peut-être d'augmenter le nombre des partisans de la solution orano-sénégalaise et de jeter ainsi Alger hors du mouvement Trans-Çaharien.

Du reste pour exaucer ce désir fort légitime — Alger, tête principale du Trans-Çaharien — désir que nous approuvons pleinement, mais dans une acception plus large, et sans vouloir priver les autres ports de ce qui leur pourra naturellement revenir — la solution In-Çalah-Goleah n'est pas indispensable.

Il en est une autre étudiée sur le terrain, et qui nous est partiellement due. Celle-là donne également entièrement satisfaction au département d'Alger. Cette solution est généralement connue de ceux qui s'occupent de la question Trans-Çaharienne.

M. l'ingénieur Fock, de l'Est-Algérien, dont les publications sur ce sujet ne manquent pas d'autorité, l'a mentionnée dans ses études ; et ce n'est pas sans étonnement que nous l'avons trouvée exclue de l'ouvrage de M. Broussais. Il est vrai qu'elle neutralisait l'un de ses arguments dominants. Le tracé auquel nous faisons allusion part d'Alger, passe par Djelfa et Moul-Adam et se soude à Tamerna (Wed Ghryr) sur la ligne de Biskra-Wargla-Tchad. Nous montrerons dans la suite de cette étude, que ce tracé est de 354 kilomètres moins long que le projet Broussais par Goleah-Silet-Tintelwoust. Nous rappellerons seulement que la presse et la députation de Constantine ont convenu de soutenir l'utilité de cette branche intéressant le département d'Alger, en même temps qu'ils demanderont celle de Tamerna-Biskra, qui concerne directement leur province.

Dans l'hypothèse qu'il a adoptée, M. Broussais ne peut même pas invoquer en sa faveur la nécessité de desservir In-Çalah — une des raisons dominantes de la direction qu'il a choisie — car on peut gagner le Tidikelt par les thalwegs supérieurs du wêd Messaoura et cela, par une région de beaucoup plus populeuse et féconde que celle de Goleah, à travers un pays autrement riche et facile, abstraction faite de la question politique qui disparaît dès l'instant qu'on admet d'autre part l'occupation des Qçours du Tadmayt. C'est même, pour tout esprit sans parti pris, la seule solution rationnelle.

En ce qui concerne l'aboutissement au Tchad, l'appréciation des distances démontre encore que le trajet par l'Ighraghrar avec Philippeville ou Alger comme origine, est le tracé direct, car il est moyennement *plus court de 500 kilomètres que la ligne Alger-Goleah-In-Çalah-Silet-Tintelwoust.*

Le tracé Broussais venant se souder à Tintelwoust sur la ligne « Ighraghrar-Tchad, » nous pouvons dans l'analyse de la question faire abstraction de la partie commune : Tintelwoust-Barroua (Tchad).

Mesurant la ligne d'axe des deux tracés sur la grande carte publiée par le ministère des travaux publics, sous la direction de M. V. Fournié, inspecteur général des ponts et chaussées, nous obtenons les distances suivantes :

Alger-Goleah	880 kil.
Goleah-Akabli.	660 —
Akabli-Silet-Tintelwoust	1.312 —
	2.852 kil.

dont :	880 kil.	levés sur le terrain ;
	660 —	reconnus ;
	1.312 —	donnés par renseignements ;
soit :	1.972 kil.	soumis à rectifications.

Alger-Djelfa-Tamerna	640 kil.
Tamerna-Amguid	887 —
Amguid-Tintelwoust.	1.062 —
	2.589 kil.

dont : 1.527 kil. levés ;
1.062 — donnés par renseignements.

Philippeville-Tamerna	482 kil.
Tamerna-Amguid	887 —
Amguid-Tintelwoust.	1.062 —
	2.431 kil.

dont : 1.369 kil. levés ;
1.062 — donnés par renseignements ;

d'où les premières différences :

En faveur d'Alger	263 kil.
— de Philippeville	421 —

Si maintenant, conformément aux règles établies, nous affectons d'un coefficient d'erreur égal à 10 %, les distances connues par renseignements ou simplement reconnues et sujettes à rectifications, nous obtenons les données suivantes :

Tintelwoust-Goleah-Alger (tracé Broussais). .	3.049 kil.
Tintelwoust-Tamerna-Djelfa-Alger	2.695 —
Tintelwoust-Philippeville	2.537 —

Ce qui démontre que le tracé indirect d'Alger par Goleah, In-Çalah, sur le Tchad, comporte un allongement de **354** *kilomètres sur le tracé par l'Ighraghrar, Tamerna, Djelfa, Alger ;*

Et de **512** *kilomètres sur le tracé par l'Ighraghrar, Tamerna, Biskra, Philippeville.*

L'auteur de « *Paris-Soudan* » n'accuse il est vrai qu'une différence de 200 kilomètres entre les tracés de Philippeville-Ighraghrar et celui d'Alger-In-Çalah. Nous ne voyons point par quel procédé de calcul il a pu arriver à une différence tellement minorée. Sans doute, il a opéré ses mesures sur des cartes à plus faible échelle — son erreur est néanmoins manifeste. Du reste, la différence qu'il accuse lui apparaît encore tellement sensible et dangereuse pour sa thèse, qu'il appelle à son aide, afin de légitimer l'allongement de sa ligne, une série d'arguments tirés des conditions du terrain, en vue de battre en brèche la direction éminemment rationnelle d'Amadghror.

Ces arguments se réduisent aux considérations suivantes :

1° L'assiette de la ligne par l'Ighraghrar est défectueuse, stérile ;

2° In-Çalah est la clé du Çahara ; c'est donc par là qu'il faut passer.

Nous allons examiner rapidement chacun de ces arguments.

Ainsi que l'a exposé le Commandant Deporter dans son « *Extrême-Sud* », l'auteur de « *Paris au Soudan* » attribue une importance capitale, exagérée, aux conditions climatériques de Wargla.

En premier lieu, rien, probablement, n'obligera de gagner le tracé général de l'Ighraghrar par la vallée du Wêd Mya. Il est parfaitement possible, même certain, de trouver un passage favorable dans l'Est de Wargla, qui pourrait être évitée de la sorte si la traversée de cette oasis était à ce point terrible — ce qui en réalité n'est pas.

Cette mauvaise réputation de Wargla, basée sur des rapports du général de Colomb, datant de 1860, mérite en effet d'être considérablement modifiée. D'abord,

Wargla n'a jamais passé parmi les indigènes pour être un lieu malsain par excellence ; Bordj-Bamendil situé environ à trois kilomètres de Wargla, plus aéré que l'intérieur de l'oasis est même à ce point habitable durant les quelques mois de fortes chaleurs, qu'il passe dans le pays, pour un gîte de convalescence.

Dans la même région, il est vrai, Touggourth était en effet réputée autrefois à juste titre comme séjour dangereux dès l'époque de « Mahyou » mais, depuis qu'on a comblé les fossés qui entouraient la ville, la garnison, la population, ne présentent plus de mortalité exceptionnelle et y vivent en réalité dans des conditions satisfaisantes et même supérieures à celles inhérentes aux postes du Sénégal. Avec le confortable et de bonnes mesures d'hygiène, on modifiera partout, dans le sens favorable, ce que la nature pouvait avoir de dangereux ; nous voyons tous les jours la démonstration de ce fait.

Quant à ce fameux « *them* » dit aussi « mahyou » (mai) — et auquel on semble vouloir faire jouer le rôle de croquemitaine — ce n'est en aucune sorte un vent empoisonné comme on s'est plu à l'écrire ; ce mot signifie « épidémie » ; c'est la malaria qui règne dès la saison estivale à Wargla comme en un grand nombre d'autres points occupés par les Européens, dans toute l'Afrique du Nord et notamment près d'Alger.

Aussi bien il est assez plaisant de voir soutenir que les effets de la chaleur sont meurtriers dans l'Est, au point d'empêcher la construction de toute ligne, tandis que dans les sables de l'Ouest et les sebkhra du Gourara ils sont dépourvus de leurs attributs malsains ! On parle il est vrai de la brise atlantique qui rafraîchit ces parages comme si à *2,000 kilomètres dans l'intérieur* des terres tropicales, sa fraîcheur n'avait point complètement disparu ! Autant vaudrait compter sur les brises du Nord-Est, ces vents régnants d'été et dont le point d'émergence au-dessus des surfaces méditerranéennes, est encore plus proche que l'Océan ! Ainsi, lorsque la distance d'In-Çalah à l'Océan, pour la zone du tracé Broussais, est double de celle qui s'étend entre Wargla et la mer, la brise marine serait sensible sur le premier de ces points et, au contraire, sans influence sur le climat du second? Pour user d'un semblable argument, il faut en vérité prêter un rôle bien complaisant aux vents de la côte?

D'après M. Broussais, le tracé par l'Ighraghrar se heurterait à des difficultés considérables.

Aux citations produites par l'auteur de « Paris-Soudan » et tirées de lettres détachées de la mission Flatters — mais dont la valeur ne peut être invoquée qu'après les avoir confrontées avec l'ensemble de la correspondance et constaté si elles ne sont pas neutralisées par d'autres appréciations ultérieures — nous opposons la déposition du lieutenant-colonel Flatters devant la commission supérieure du Trans-Çaharien, en date du 16 juin 1880, et précisant les résultats de sa première mission:

« Découverte d'un large passage, par lequel une voie
» ferrée peut franchir l'Erg au sud d'Ouargla, en ligne
» droite, sur un terrain ferme et plat, fond de ballast,
» sans avoir à surmonter un seul instant l'obstacle des
» sables; *eau facile à trouver partout*, en forant des
» puits dont le maximum de profondeur ne paraît pas
» devoir dépasser *15 mètres ;* possibilité d'établir la voie
» sans aucune difficulté jusqu'à plus de *1,000 kilomètres*
» sud d'Ouargla par le Gassi, le Hammada et le Reg. »

L'opinion d'un homme qui a été sur les lieux accompagné d'ingénieurs techniques éminents, est pour nous prépondérante, et nous avons lieu de nous étonner, qu'on en fasse si peu de cas, qu'on n'en parle même pas dans « *Paris-Soudan.* »

M. Broussais continue: « *La direction d'Amguid,*

» *Amadghror, Bir-el-Garama doit être écartée, on ne*
» *trouverait là qu'un désert désolé impraticable — il n'y*
» *a point d'eau pendant des centaines de kilomètres —*
» *Gassi-el-Mokhenza offre de grandes difficultés sur un*
» *parcours connu pour manquer d'eau sur une très*
» *grande longueur, — d'Hassi-el-Guettar à Hassi-*
» *Mouilet-Matallah, il y a 300 kilomètres sans eau.* »

Nous ne comprenons vraiment pas comment l'auteur de « *Paris-Soudan* » s'est ainsi laissé induire en pareille erreur. C'est évidemment méprise de sa part. Entre les deux points qu'il cite, — Hassi-el-Guettar, Hassi-Matallah — situés sur le plateau qui sépare le wêd Myâ du wêd Ighraghrar et distants seulement de 65 kilomètres et non de 300 kilomètres, comme l'écrit M. Broussais, nous trouvons les puits suivants :

Hassi-Tboub; niveau de l'eau : 11^{m}; largeur au niveau : 1^{m}; profondeur : 15^{m} ; très abondant ;

Hassi-el-Righi ; dans une heïcha ;

Hassi-el-Ktouta ; niveau de l'eau : 11^{m}50; largeur au niveau : 1^{m}10; profondeur : 12^{m}10; 3 abreuvoirs;

Hassi-el-Hadj : dans une daya.

Des gîtes d'eau, chaque vingt kilomètres ! que faut-il encore à l'auteur ?

Le gassi de Mokhanza, si tristement dépeint, est un passage droit comme une rue, long de 300 kilomètres, entre les dunes au sud de Wargla et qui s'étend jusqu'à El-Mouïlah, ferme, sans pierre ni gravier, avec de l'eau entre 4 et 11 mètres de profondeur partout où on fore, et tellement large parfois, que de son milieu, on voit à peine les dunes qui les bordent.

Le colonel Flatters a reconnu ce passage remarquable pour la traversée du Soudan ; plus tard le capitaine Bajolle l'a scrupuleusement exploré.

« Dans l'oued Ighargrar, dit le capitaine Bajolle, les » puits sont si faciles à creuser que les Chaanba se pré- » occupent peu de les voir ensablés. Ils les nettoient ou » en creusent un autre à côté. — Il est certain qu'une » petite troupe d'une centaine d'hommes, munie d'un » appareil de sondage portatif et suivant les lignes de » dépression, n'aurait pas à s'inquiéter beaucoup de la » question d'eau. — On peut passer à côté d'un puits » sans l'apercevoir. »

Inutile de donner par le détail la liste des puits connus, leur niveau, leur section, leur débit. Il suffit de constater *que l'eau existe à peu de profondeur dans le sous-sol de l'Ighraghrar* pour en déduire que les reproches de stérilité, de désolation, adressés à la région sous laquelle il coule, sont absolument exagérés pour ne pas dire imaginaires.

L'eau est constatée à l'estuaire de l'Ighraghrar (wêd Ghryr) ; on la trouve en remontant la suite des dépressions N.-S. qui constituent le thalweg en chapelet de ce wêd ; on la fait sourdre toujours abondante dans le Gassi ; on la retrouve à Aïn-Tayba, à Temassinin, plus haut encore. Que déduire de ces constatations sinon une loi de continuité ? Tous les sondages, toutes les traditions établissent à n'en pas douter l'existence d'une nappe artésienne ou s'élevant fort près du sol dans le wêd Ighraghrar. Ce fleuve, mort il est vrai à la lumière, est réellement vivant sous la terre, à l'abri des vents et du soleil. Sous son thalweg ensablé, et sans interruption depuis ses sources dans l'Idelès, il roule son cours souterrain jusqu'au wêd Ghryr et aux Chtout tunisiens, prêt à donner la fécondité là où on lui rendra le jour.

Le tableau de M. Broussais est, on l'avouera, singulièrement poussé au noir ; nous sommes convaincu qu'il serait bien difficile de prouver, sur toute la ligne de

« *Paris-Soudan* », la seule existence de quelques kilomètres aussi propices que le palier de Mokhanza, la dépression de l'Ighraghrar, la déclivité de la ligne entière, de Wargla au Tchad, restant inférieure à $0^{m}017$, tandis que sur près de 2,000 kilomètres elle atteindra seulement $0^{m}005$, d'après M. G. Rolland.

L'accusation de stérilité dont nous pensons faire absolument justice, — en nous référant aux travaux irrécusables dont les pays considérés ont été l'objet — tombe donc en même temps que celle de manque d'eau.

Une autre affirmation, présentée d'une manière absolue, appelle encore de notre part plusieurs observations. « *De Wargla au Tchad, pendant 2,700 kilomètres, le* » *tracé Est s'enfonce dans des déserts immenses, peu* » *peuplés, sans desservir une seule oasis.* »

Il est assez inconcevable qu'on oppose ces assertions aux renseignements incontestablement sérieux du colonel Flatters et de ses ingénieurs qui ont au contraire signalé l'eau sur les points du tracé. Pourquoi négliger de mentionner le point si important de Temassinin où les jardins en exploitation démontrent qu'avec plus de sécurité, il y aurait là une oasis importante, admirablement située pour les relations entre Inçalah, Ghradamès et les ports de Gabès, de Tripoli. De ce point, en montant vers le Tchad, en suivant si l'on veut les parcours autrefois pratiqués par les caravanes, on compte environ 1,300 kilomètres pour atteindre la région peuplée de l'Aïr, dont Agadès est un centre d'une importance capitale. Nous sommes bien loin, comme on le voit, de ces 2,700 kilomètres de désert qu'on se hâte de proclamer comme un argument écrasant, alors qu'on oublie de faire ressortir que dans le tracé Goléah-Inçalah-Akabli préconisé, une fois le Touât desservi, on a également un parcours de 1,300 kilomètres sans rencontrer de centre de population certain et sur les difficultés topographiques duquel on est fort mal renseigné. Du reste, nous l'avons déjà dit — et c'est d'un exemple constant au Çahara — l'eau est la véritable richesse, car partout où on la fait jaillir la végétation apparait et des oasis nouvelles naissent comme par enchantement.

Si beaucoup d'oasis faciles à créer montrent encore leur place nue ou abandonnée, il ne faut pas attribuer à ce fait d'autre cause que le manque de sécurité.

Que la civilisation s'avance avec la locomotive, et les centres abandonnés prendront une vitalité nouvelle ; là où l'on ne voyait que le sable, émergeront bientôt, se profilant sur le ciel bleu, la verte tige des palmiers.

La route de l'Ighraghrar n'est pas suivie, est-il dit encore...... *Les guides ne la connaissent pas*......

En tout cas, elle a été levée et suivie jusqu'aux premières marches du Soudan, avec l'établissement d'un railway comme thème, par les missions Flatters, ce qui démontre qu'on peut passer, car le massacre de Bir-el-Garama ne prouve absolument rien, en ce qui concerne le côté technique de la question. Un fait personnel montrera, du reste, la valeur qu'on peut déduire d'un pareil argument et la foi qu'on doit attacher aux dires des guides indigènes désireux ou obligés de déguiser la vérité. Nous nous trouvions, il y a quelques années, entre Biskra et la Tripolitaine. Arrivé à un point déterminé nos guides déclarèrent qu'il fallait changer de direction, qu'aller plus avant dans ce sens, c'était vouloir périr et de faim et de soif. Sans nous laisser intimider par une semblable déclaration qui nous semblait intéressée, nous ordonnons d'attacher nos guides, puis prenant la tête de notre petite colonne et poursuivant la même route, nous atteignons le soir, un campement plantureux, couvert de chaumes et de rtem, fertilisé par une source vive, toutes choses qu'on nous voulait cacher. On sait du reste que les Touaregs professent l'usage constant de dissimuler le plus possible l'existence des puits et qu'ils font volontiers camper les caravanes dont ils ont accepté la conduite, hors des gîtes d'eau, préférant faire eux-mêmes la corvée de remplir les outres et conserver ainsi à ces traversées du désert le spectre de la soif.

Du reste, l'assertion de M. Broussais est inexacte. Dans son livre sur les deux missions Flatters, le général Derrécagaix reproduit les dires des guides de la mission qui connaissaient la route d'Asiou au Soudan, et d'après lesquels il existe une bonne route de caravanes par le Wêd Tedjert et l'Eguerré. Le journal du colonel Flatters relate en outre l'existence d'une autre route directe et dont la possibilité a été constatée du haut du mont Oudan (1).

L'auteur de « *Paris-Soudan* » affirme également qu'on ne rencontre sur la route de l'Ighraghrar *aucun commerce, aucun marché.*

L'antique marché d'Amadghror, le Siccatorium des Phéniciens et des Romains, permet de soutenir le contraire. Dès la plus haute antiquité, Amadghror s'est imposé comme carrefour des routes de Leptis (golfe de Gabès) à Silicé (In-Çalah) (2) ; de Touggourth à Kano et de la Méditerranée centrale (par Audgila) à Toucaba (Kabara) et au lac Nigris (lac Debo, dans le pays de Massina). Il est vrai que la foire séculaire qui se tenait en ce lieu a cessé d'exister, mais il ne faut pas attribuer cet événement à l'aridité, à l'inclémence du pays. C'est par

---

(1) Bart, d'autre part, avait déjà fait connaître que pour se rendre au Soudan, on ne rencontre aucune difficulté sérieuse, en contournant le massif de l'Aïr par l'est de Tintelwoust.

(2) Abstraction faite du préfixe In ou Tin, terme générique signifiant pays, on retrouve facilement Silicé dans « Salah ». D'après le système étymologique de Ch. Lassalle, basant la toponymie primitive sur les racines kelto-asiatiques, Silicé se retrouve dans « *Si* » pays, « *lis* » essentiel, c'est-à-dire lisière de pays élevés, de terrasses, ce qui est bien la caractéristique du pays.

suite d'une révolution sanglante, d'une guerre qui régna longtemps entre deux confédérations Touaregs rivales, que ce marché a été déserté.

Bien que cette information mérite confirmation et que le vide ne se soit pas fait au point qu'on cherche à nous le faire croire, l'emplacement d'Amadghror n'en reste pas moins propice et tout indiqué pour une station principale du railway au désert.

Les Romains qui s'y connaissaient et avant eux, les Phéniciens, ces premiers colons d'Algérie, avaient ce point en grande considération. Après eux les Touaregs n'ont cessé de l'occuper, car par la possession des salines d'Amadghror, ils restent ainsi les maîtres commerciaux d'une portion du Soudan.

Les Maures du Maroc ont tenu Tin-Bouktou et le Soudan occidental par les salines de Taodeni, que laisserait à 560 kilomètres dans l'Ouest, le tracé de M. Broussais. Les gens de Ghrât tiennent encore aujourd'hui la route orientale du Tchad par les salines de Bilma.

N'est-ce pas pour nous un avantage considérable que de pouvoir posséder la mine d'Amadghror? N'est-ce pas pour le tracé du Tchad une singulière fortune que de trouver sur son parcours ce gîte important, inépuisable, de sel gemme dont une charge de chameau (150 k.) vaut au tarif d'échange, quatre beaux esclaves noirs!

Sous le rapport commercial, étant donnée la valeur du sel au Soudan, valeur qui peut être pour nous ce que l'opium fut aux Anglais, en Chine, le passage par Amadghror est d'une extrême importance. Cette importance est même plus considérable, car, si avec l'extrait de pavot, l'Angleterre a pu acheter la Chine, nous pourrons *a fortiori*, par le sel gemme, dominer le Soudan. Nul, en effet, ne peut se passer de sel, et c'est en vain que le pauvre Soudanais, réduit à l'extrême misère, essaie de le remplacer, pour assaisonner sa pitance, par les cendres lavées de certains arbustes du pays.

Au delà d'Amadghror, les routiers de Ptolémée dans son histoire commerciale de l'Afrique, les relations de Scylax, d'Appien, de Dion Cassius; celles du cheykhr arabe Hadj-Kacem; les notes d'Edrisi, d'Ibn Batoutah, d'Aboulféda; les savants opuscules des petits géographes grecs, puis, durant notre époque, divers voyageurs Barth, G. Rohlfs, le docteur Nachtigal en particulier, nous donnent sur ces pays des appréciations que l'auteur de « *Paris-Soudan* » ne saurait annuler.

Le versant Est du massif de Tafouris (*Idelès*) (1), — la Thaboudis de l'exploitation commerciale romaine — offre d'après ces auteurs, plus d'une sorte de richesses. Non loin de *Siccatorium*, dans les cristalliens anciens, seraient des gîtes d'émeraudes dont la 2ᵉ mission Flatters aurait trouvé divers spécimens; les pâturages montagneux de l'ancien *Ousargara*, l'Ozergalyn des phéniciens et dont le nom seul signifie « riche en sources », nourrissent ces troupeaux de bœufs, dont les Touaregs utilisent si bien la peau, non seulement pour les nombreux objets qui nous arrivent par Wargla, mais aussi pour leurs boucliers, leur tentes, ce qui prouve les ressources de ces pacages. Enfin, mentionnons, vivant dans ce pays — ce qui ne sera pas pour nous de peu d'intérêt — ces peuplades d'origine lybienne, dont les usages enracinés dans le sang ont conservé — malgré la pression islamique — le calendrier romain introduit chez eux, par les marchands de Leptis.

Les importantes ruines Romaines retrouvées d'Amadghror à Inziman-Tikhsin par la mission Flatters, attestent que la désolation ne fut pas toujours la caractéristique du pays. Et quant à Amguid, dont la critique tient si grand compte, ce serait bien mal comprendre l'économie générale du tracé virtuel d'un axe, que de prendre pour un point précis ce qui est la dénomination d'une

---

(1) « Idelès », signifie dans le système Kelto-Asiatique : *id* courant; *del* vallon; *élès* collines élevées.

région. Par l'Est, plus directement encore et surtout plus sûrement que par l'Ouest et le Sud-Ouest, nous pourrons gagner, desservir et tenir ce massif intéressant, véritable et peut-être redoutable sentinelle de toutes les routes du Soudan.

In-Çalah !

« Il faut, dit-on, à tout prix occuper In-Çalah. In-Çalah,
» c'est la clé du Soudan ; le cri annonçant sa chute fera
» tomber toutes les citadelles Çahariennes comme
» autrefois, au son des cornes de bélier, s'ouvrirent
» devant Ioschoua les murailles d'Ieriho.
» In-Çalah occupée : les Touaregs se couvriront de
» leur voile et disparaîtront du désert, car alors, il n'y
» aura plus pour eux, ni ciel, ni eau, ni blé, ni armures ;
» les dunes s'affaisseront..... les distances disparaî-
» tront..... le désert se couvrira de verdure !.... »

Les partisans de l'occupation d'In-Çalah ne sont guère éloignés d'un pareil enthousiasme qui, réduit aux proportions de la réalité, ne nous semble pas moins exagéré.

Au fond, l'occupation d'In-Çalah devient aux yeux de beaucoup, comme le but essentiel de l'entreprise Trans-Çaharienne.

Loin de nous la pensée de dénier toute importance à l'occupation d'In-Çalah, centre évidemment considérable, surtout sur le rapport du fanatisme contre les Européens. Nous sommes convaincu que la prise de possession du Tidikelt, laquelle constituerait tout d'abord une opération militaire des plus sérieuses, serait d'un effet considérable, mais dans un ordre d'idées spécial et n'ayant pas l'influence que l'on suppose sur la solution de la question Trans-Çaharienne.

Toutefois, il faut bien reconnaître que cette expédition

ne s'impose pas absolument ; qu'elle ne nous donnera pas l'accès du Soudan ; que, par suite, elle n'a pas le degré d'urgence que présente l'occupation de la seule route directe française — celle de l'Ighraghrar — conduisant au Soudan central.

Effectivement In-Çalah est une guardia redoutable gardant la route du Touât, mais sa chute en nos mains n'affranchira en aucune sorte la traversée du Çahara des coupeurs de routes qui en constituent le principal danger, non seulement pour les Européens mais aussi pour les caravanes. Il est clair que l'occupation d'In-Çalah, entraînerait *ipso facto* l'épuration plus ou moins complète du Gourara, du Deldoul, du Touât, du Tidikelt.

Cela assurerait relativement la route qui partant de Wargla se dirige par le Tidikelt vers le Soudan occidental, ainsi que les communications du Maroc et de l'Algérie avec les Niger supérieur et moyen, par le Touât, Timissao ou In-Ziza. Toutefois on n'a qu'à jeter un regard sur la carte pour s'apercevoir que cette sécurité ne serait que relative et en tout cas limitée à un rayon donné d'In-Çalah. Il est, en effet, certain, que malgré l'occupation du Tidikelt, nous ne pourrions pas poursuivre comme il le faudrait, les audacieux *djycheurs*, tels que les Ouled Dhlym et autres qui ne manqueraient pas d'aller se réfugier hors de notre portée. La possession d'In-Çalah ne nous donnera point celle de ces massifs de montagnes, des plateaux désertiques et autres repaires d'où les pirates pourront toujours s'élancer à leur aise et continuer impunément leurs rapines.

Quant à assurer la sécurité sur la route de l'Ighraghrar, il faut être bien complaisant à l'endroit d'une cause pour admettre une semblable possibilité. On peut dire, d'après notre expérience algérienne, qu'un poste protège un rayon de 100 kilomètres, mais porter cette distance à 300 kilomètres, comme l'admettent les partisans de la ligne d'In-Çalah, c'est plus qu'une assertion hardie : c'est tout simplement inacceptable.

Notre installation à In-Çalah permettrait, il est vrai, de prendre les Touareg Ahoggar par le flanc, mais il est non moins certain qu'en marchant sur Idelès on les atteindrait bien mieux en plein cœur et que de ce fait, on occuperait d'une façon efficace, décisive, le point de puissance de tout le Ahoggar, et de toutes les routes conduisant au Soudan.

Le massacre de la mission Flatters prouve du reste quelle importance les Touareg attachent aux passages de la région d'Idelès, car au delà on est sauvé.

On sait que la population d'In-Çalah est généralement sédentaire à l'exception du Çof des Ouled-ba-Hammou. Celui-ci, qui constitue la seule force armée Touatya opérant hors du Tidikelt, coupant les routes, pillant les caravanes, dans un rayon du reste limité, peut mettre en ligne : 30 chevaux, 875 chameaux, 138 mehari, 367 fusils nobles, 272 fusils d'haratins ou d'esclaves, soit approximativement 700 combattants à pied et 1,000 combattants montés. C'est donc ce seul contingent actif dont l'occupation du Tidikelt réduirait les *raids* du reste peu excentriques, par rapport à leurs Qçours sur les bases du Tadmayt. Il faut dès lors avouer que l'effort serait peu en proportion avec le résultat, car de ce fait, les tribus de Touareg hostiles, que le géographe allemand Vogel porte, d'après G. Rohlfs, à 200,000 individus, ne seraient aucunement abattues.

Ces tribus se pourvoient bien à In-Çalah, mais on sait pertinemment qu'elles peuvent vivre sans les greniers du Tidikelt. Elles fréquentent les marchés de Ghradamès, de Ghrat ; leurs caravanes vont se pourvoir de grains dans l'Aïr ; depuis quelques années même, elles font dans leurs solitudes des semailles fructueuses.

La prise d'In-Çalah gênerait donc sans doute les Touareg dans leurs habitudes et les obligerait à aller se pourvoir ailleurs des objets de l'industrie européenne; mais ce serait une erreur grossière de croire qu'elle les réduirait à merci.

D'autre part, on admettra bien que nous ne pouvons accomplir un coup de force sur In-Çalah, sans entente diplomatique préalable, puisque en vertu du traité de 1845, la région en question est restée en dehors des territoires visés par le traité et, par suite, comme avant 1845, sous la suzeraineté nominale du Maroc.

Le texte de l'article VI du traité est formel et parfaitement clair.

Ce n'est ni en écrivant ni en disant le contraire qu'on changera les textes, les faits, la doctrine diplomatique.

Des actes incontestables démontrant que les peuplades du Touât, en réalité indépendantes, se prévalent de la suzeraineté du sultan du Maroc, confirment, du reste, cette situation.

En 1861, une caravane militaire dirigée par MM. Colonieu et Burin se présentait dans le Gourara. L'entrée du Touât lui fut immédiatement et formellement refusée, et les habitants, croyant aux préludes d'une conquête, envoyèrent aussitôt à la cour de Fez deux mokhradem porteurs de 20,000 fr. à titre de présents, suivis de vingt jeunes négresses. Ils demandèrent au sultan sa protection politique ; celui-ci déjà suzerain spirituel du Touât promit son appui, mais continua de *négliger* l'envoi dans l'archipel Touatya, d'un lieutenant de sa majesté chérifienne.

Depuis 1873, le chef du çof des ouled Ba-Hammou-Badjouba, mokhradem de la communauté snoussiyte du Touât, a plusieurs fois affecté de se considérer comme sujet de l'empereur du Maroc.

Cet acte se reproduirait évidemment en cas d'invasion ou même à la simple tentative de relations commerciales : les faits antérieurs le prouvent.

Tous ces qçours touatya, forment ensemble une confédération de petites républiques dont chacune tient, du reste, à conserver son autonomie locale ; toutefois leur territoire fait partie du domaine spirituel du sultan du Maroc. Tout musulman est en principe soldat de l'islam et quiconque est en état de porter les armes se doit à la garde, à la défense de son pays et de sa religion. L'empereur du Maroc qui prend, à l'exemple des Almoravides, le titre d'*émir el meslemyn,* c'est-à-dire de chef politique et religieux des musulmans, est considéré comme tel, dans tout l'Ouest de l'Afrique, jusqu'approximativement au thalweg de l'Ighraghrar.

Vicaire de Dieu sur la terre, Imam, chef suprême, il dispose, à ce titre, en maître, de la vie et des biens de ses sujets. En fait, son autorité si despotique en principe, est limitée même au spirituel. Plus des deux tiers de son empire, tout en vénérant en lui le descendant de la fille du prophète, ne lui paient volontairement aucun impôt et ne lui obéissent en quoi que ce soit, alors même qu'ils se disent ses sujets.

Bien qu'il en coûte, il faut donc convenir que le jour où nous envahirons, et même seulement le jour où nous menacerons les contrées considérées, In-Çalah se prévaudra de la suzeraineté marocaine.

Indépendamment des précédents, des causes développées, des actes réalisés, il est d'autres raisons probantes : La djemaâ d'In-Çalah l'a positivement déclaré par écrit aux commandants supérieurs de Laghrwât, à notre représentant, l'agha de Wargla, et cela même pour le cas où nous voudrions pénétrer pacifiquement au Tidikelt. Ce n'est point parce que nous pourrions devenir leurs maitres, mais parce que nous sommes des « *Roumis* », des infidèles détestés. C'est plus la haine que la crainte qui excite le fanatisme de la masse ignorante, car, en réalité, chez les aristocrates du lieu, c'est l'esprit d'intérêt qui dicte cet ostracisme aux procédés sanglants.

Quoi qu'il en soit de cette situation, il est certain qu'elle n'est ni de force, ni de nature à nous opposer un obstacle invincible.

Oui, In-Çalah se prévaudra de sa vassalité, mais il est également probable qu'un jour viendra où nous devrons occuper ce centre géographiquement algérien. Toutefois, il faut accepter les conséquences actuelles de cette antinomie régionale et ne pas nier malgré l'évidence, les difficultés diplomatiques que nos revendications légitimes pourraient faire surgir.

Est-il utile ? est-il opportun ? est-il possible de les braver ?

La réponse n'est pas douteuse.

On a dit cependant qu'un article secret de la convention Ribot-Salisbury reconnaissait comme relevant de la région franco-algérienne, le Touât en entier. Nous faisons, au sujet de cette information, les réserves les plus expresses. Toutefois, sans mettre autrement en doute l'existence de ce soi-disant article secret, nous nous bornons à constater que cette raison au lieu d'être un garant de sécurité, se révèle au contraire comme l'indice d'un très grave danger.

Admettons en effet l'hypothèse de cette clause ; supposons qu'en vertu du dit article nous déclarions l'annexion du Touât, ou que nous accomplissions de vive force un acte équivalent ? Cette mainmise sur la confédération Touatya ne donnera-t-elle pas le signal du démembrement du Maroc ? Que répondrons-nous aux Anglais déjà installés à Victoria-Port, à l'embouchure du Wed-Draa ? aux Allemands, trafiquants en d'autres baies ? si, suivant notre exemple, ils réalisent la liquidation de l'empire du Mogreb !

Pourrons-nous refuser aux Espagnols d'étendre leurs possessions sur la terre marocaine ? et aux Italiens, soutenus par l'Allemagne, déjà maîtres de la Cyrénaïque, leur extension vers le Tûbeliss, l'occupation de la Tripolitaine ?

Non, évidemment.

On dirait que cet article secret — s'il existe toutefois — est une sorte de cheval de Troie, le don de Grecs perfides jusque en leurs présents, l'appât lancé à notre portée pour nous faire ouvrir de nouveau, sous forme marocaine, l'interminable et complexe question d'Orient; puis, nous aliéner l'Espagne, comme la conquête de la Tunisie — conquête du moins logique et profitable — a grandi contre nous la colère de l'Italie. Évidemment, ces complications seraient autrement gênantes que tous les Touareg du Çahara entier.

Si, contrairement à ce qui semble possible, un accord international, particulièrement avec l'Espagne, venait à régler cette question sans porter atteinte aux intérêts français, alors nous applaudirions à cette entreprise et nous approuverions le railway du Touât; mais hâtons-nous de le dire, il ne s'agirait plus dans cette circonstance *que d'une affaire régionale, spéciale, absolument différente* de la grande entreprise Trans-Çaharienne d'intérêt général et de transit commercial dont l'objectif bien déterminé est l'immense marché du centre africain.

Certainement, nous verrions avec satisfaction que la mainmise sur ces régions Çahariennes puisse s'effectuer sans provoquer à notre détriment de graves conséquences que la situation de l'Europe oblige néanmoins à prévoir; mais, ce point réservé, nous avons la conviction d'être dans le vrai en affirmant que l'occupation du pays d'In-Çalah doit être regardée comme une opération nettement limitée. Ce que nous visons, ce qu'il faut, non seulement pour Alger, l'Algérie, mais pour la France, c'est la conquête commerciale du Soudan central. A cet effet d'une importance capitale — et que nous ne devons à aucun prix laisser atteindre par des puissances rivales — l'annexion du Touât est d'une utilité complètement négligeable, car elle ne saurait dispenser d'exécuter la voie de pénétration spéciale au Soudan central, voie qui pour être productive et française doit être forcément directe et dès lors partir de l'Ighraghrar ou de Gabès.

Aux yeux de certains, le passage par Goléah présente deux avantages sur lesquels il est utile de s'expliquer, car le Mzab et le bassin artésien de Goléah se trouveraient ainsi desservis.

Il est bien vrai que la nappe artésienne de Goléah existe, mais il ne faut pas croire pour cela qu'on puisse créer dans cette région des palmeraies similaires au wêd Ghryr. Ce qu'il faut au palmier, c'est le soleil et l'eau (0[litre] 50 par minute). Tandis que les puits artésiens du wêd Ghryr débitent jusqu'à 6,000 litres par minute, ceux de la nappe de Goléah n'ont pas dépassé 180 litres ! et comme on admet, en moyenne, qu'un puits jaillissant peut entretenir trois fois autant de palmiers qu'il débite de litres à la minute, on voit par ces simples données à quoi se réduirait l'exploitation des oasis réalisables dans le bassin de Goléah.

La confédération du Mzab, avec ses 50,000 habitants, est certainement digne d'intérêt, mais il faut bien ajouter que le pays ne mérite pas une aussi grande sollicitude et que son importance ne comporte pas les difficultés de son accès. Le Mzab est, en effet, un pays de refuge et non de production. Il est né de la nécessité des choses ; il ne vit qu'au prix d'une lutte incessante livrée par ses habitants contre les éléments de la nature. On peut affirmer que ces centres artificiellement prospères, émergeant comme des îlots de verdure au milieu de ces chebket désolées, riches seulement par l'apport des fortunes gagnées à l'extérieur, incapables du reste de se suffire, sont arrivés au point maximum de leur accroissement, et qu'ils disparaîtraient fatalement, si les Mzabites — chassés successivement des rives persiques de l'Oman, du Koufara de Myzraym, de Djerba, du Djebel-Nfous-Tarabolous et plus tard de Wargla, pour trouver enfin un asile assuré, dans les déserts de pierre du Mzab — ne s'étaient religieusement attachés à ces terres inhospitalières, mais passionnément chéries, refuges de leur race vaincue, de leur foi persécutée, témoins irrécusables des souffrances supportées à cause de la fidélité à la croyance de leurs aïeux.

Quoi qu'en pense M. Broussais, l'assiette de son tracé n'est pas ce qu'il a été amené à croire.

Entre Laghrwat et El-Goléah, il traverse en effet les régions considérées comme les plus déshéritées du Sud Algérien; et ce fait est tellement constant que jamais colonnè militaire ni nomades ne s'engagent sur ce chemin. Sur les 420 kilomètres qui se développent entre ces deux points, on ne trouve, en effet, que deux gîtes d'eau : les citernes de Nili et Chayb Raçou, où le tracé ne passe point.

M. Broussais interprète singulièrement le rapport de la mission Choisy quand il évoque au sujet de son tracé les déclarations des membres de la mission. M. G. Rolland, ingénieur au corps des mines, qui fut spécialement chargé, sur le terrain, au cours de cette mission, des études par Laghrwat-Goléah, s'exprime cependant en termes tels qu'il est difficile de se méprendre sur son opinion : « Dans le dernier tiers du trajet — écrit-il — » les mauvais passages, les travaux d'art seront nom- » breux. Et l'alimentation en eau des locomotives ? » M. Duponchel avait proposé la pose d'une conduite de » refoulement qui, des deux extrémités de la ligne, eut » amené l'eau à toutes les stations intermédiaires ! ou » bien encore, il faudrait multiplier les puits et les » citernes le long du parcours et, d'après le projet » dressé par l'un de nous, lors de la mission Choisy, » tous ces puits réunis représenteraient une hauteur » totale de 2,000 mètres à creuser ! Adopter ce tracé » serait une véritable aberration. »

Nous reproduisons simplement sans y rien ajouter, le jugement d'un ingénieur de mérite, qui a été appelé par le gouvernement à étudier et qui a consciencieusement examiné, non pas en cabinet, mais sur le terrain même, les conditions d'établissement de la ligne discutée. Sa sentence doit être appréciée, car si son avis était jugé sans valeur, nous demanderions alors ce que l'on est en droit de penser de toutes les autres études !

Au delà de Goléah, M. Broussais gravit d'un saut léger le plateau du Tadmayt selon une direction élégante, mais dont la possibilité n'est rien moins que démontrée; puis, dégringolant dans l'inconnu, il épouse, pour raccourcir sa route, les flancs incertains de montagnes indéterminées. Les cols, les chebket ne l'arrêtent point dans sa course audacieuse, car avec les moyens de la science contemporaine, il n'est pas, à son avis, de tunnel ni de viaduc si haut qu'il ne lui soit possible d'édifier. Et c'est ainsi, qu'après avoir décrit son grand cercle à l'Ouest, il vient non loin de l'Asben se raccorder sur notre ligne de Wargla au lac Tchad.

Dans cet ordre d'idées on pouvait cependant aller plus loin. Malgré sa haute valeur, mais, par suite de l'ignorance de terrains africains, M. Beau de Rochas l'a fait. De Goléah, il va en droite ligne, sur les faîtes et les plateaux, insouciant des coupures comme du manque d'eau, fasciné par la ligne droite et l'illusion des cols.

M. Broussais se tient en corniche, à flanc de coteau : son terrain n'en est pas moins glissant.

De cette critique consciencieuse il se dégage les conclusions suivantes :

1° L'agglomération d'États et de royaumes éminemments fertiles dont le Tchad constitue le centre d'attraction, est l'objectif direct que nous devons viser au Soudan.

2° La base fondamentale du tracé de pénétration reposant sur le développement minimum de la ligne, le Trans-Çaharien doit avoir pour origine :

Oran (Arzew), si l'objectif spécial est le Soudan occidental, puisque le tracé Oran-Bourroum serait plus court d'environ 300 kilomètres que l'oblique Alger, Goléah-In-Çalah-Bourroum,

Ou Alger et Philippeville, si l'on vise le Tchad, car dans ce cas, le tracé par l'Ighraghrar présente un développement inférieur de 500 kilomètres (moyenne) au projet de M. Broussais.

Entre ces deux solutions il n'y a plus de place que pour un railway régional, spécial, mais là n'est pas la question proposée.

3° Le tracé par l'Ighraghrar est levé ou reconnu jusqu'au 23° de latitude nord; le tracé Broussais n'a été reconnu dans les mêmes conditions que jusqu'au parallèle 30° 30', soit, abstraction faite du tronc sud, commun :

1,162 kilomètres non levés pour le tracé par l'Ighraghrar;

2,169 kilomètres non levés pour le tracé par Goléah-In-Çalah.

Les conditions du projet préconisé dans « *Paris-Soudan* » sont donc au point de vue de l'exécution et même de la possibilité pratique, notamment inférieures au projet Wargla-Ighraghrar.

Dans un tel état de choses, étant surtout donné l'allongement considérable qu'occasionnerait la direction Goléah-In-Çalah, il nous semble absolument évident que jamais aucun pouvoir public ne consentira à adopter un tracé qui grèverait indéfiniment le trafic d'une voie de pénétration.

Si nous envisageons la question au point de vue spécial des intérêts d'Alger, il nous paraît encore que soutenir le tracé vers Bourroum par le Touât et Goléah, c'est faire le jeu d'Oran, c'est venir en aide aux partisans du Trans-Çaharien occidental et par cela même jeter notre ville en dehors du mouvement commercial qui se créera.

Au contraire, la solution par Wargla-Amadghror-Tchad, sur laquelle Alger peut se greffer naturellement — ainsi que nous l'avons exposé — aura le triple avantage : 1° de déterminer la construction de la ligne de pénétration qui manque au département, au lieu du tramway sur rail dont on se propose de le doter et qui éloignerait pour toujours le trafic Trans-Çaharien; 2° de relier ainsi directement le département avec le sud de la province de Constantine; 3° enfin de l'unir à la grande Trans-Çaharienne dont Alger se partagera le transit avec Philippeville.

L'union d'Alger et de Constantine dans ce but commun est de nature à rompre l'hésitation des pouvoirs publics : il y va de l'intérêt d'Alger de la proclamer hautement.

L'intérêt général est même en jeu.

Il n'est pas, en effet, difficile de prévoir quelles peuvent être, quelles seront les conséquences de l'enthousiasme que montrent certaines notabilités d'Alger à l'endroit de la ligne In-Çalah-Touât et en même temps, de leur antagonisme véhément au sujet de la ligne de l'Ighraghrar.

Ainsi que nous l'avons déjà expliqué, ou la ligne du Touât sera résolue et la pénétration directe du Soudan abandonnée : alors ce sera vers Oran que se dirigera la Trans-Çaharienne occidentale, car, indépendamment des considérations déjà exprimées, jamais le Parlement, considérant que la voie ferrée d'Ayn-Sefra tient déjà la tête des eaux de la grande dépression du Touât, ne consentira à abandonner cette solution rapide, avantageuse, économique ; ou bien, cette direction ne sera pas admise, et dans ce cas, le gouvernement, en présence du discrédit jeté sur le tracé par l'Ighraghrar, eu égard surtout à l'opposition d'Alger, hésitera encore à se prononcer.

En tout état de choses, il faut bien se pénétrer de ceci :

c'est qu'à moins de circonstances diplomatiques spéciales, la ligne régionale Goléah-In-Çalah-Akabli ne peut aboutir ; ce n'est point parce que l'on aura affecté de ne pas voir les obstacles très sérieux de plusieurs sortes qui l'entravent, que l'existence de ceux-ci aura été supprimée.

Pendant ce temps, au milieu de toutes ces hésitations, la pénétration du Soudan central par Tripoli, déjà imminente, la plus rationnelle du reste parce qu'elle est la plus courte, peut devenir un fait accompli. Si cet événement s'accomplissait, l'Algérie se rendrait compte alors de toute la portée de ce coup terrible, et la France ne pourrait plus que frapper en vain aux portes désormais closes du grand continent noir.

Nous pouvons encore parer au danger.

La construction du Trans-Çaharien viâ Ighraghrar peut rendre la concurrence de Tripoli impossible. C'est le seul moyen qui nous reste.

Cette situation est tellement évidente que, dès 1881 (27 avril), le « *Risargimento* » de Malte, publiait la lettre suivante de son correspondant de Tripoli :

« La grande nouvelle d'ici, c'est l'arrivée d'un courrier venu de l'intérieur, envoyé tout exprès par les » Ghradamsins et les sultans de Bornou et du Soudan » auprès de *Messieurs nos négociants*, pour les engager » à reprendre en toute confiance leur commerce par » caravanes, les assurant qu'elles trouveront les routes » complètement tranquilles et sûres. Cette modification » de la situation est due aux Ghradamsins qui auraient » été excessivement impressionnés par l'essai tenté par » le colonel Flatters de pénétrer dans le Çahara tripolitain au delà de Ghrât. *Les Ghradamsins auraient flairé* » *le danger qu'ils courraient si les Français réussissaient à s'ouvrir une voie dans cette région et à attirer vers l'Algérie le commerce de l'intérieur de* » *l'Afrique. Aussi, beaucoup d'entre eux ont-ils été*

» *ceux-là mêmes qui ont séduit les Touareg pour tomber sur l'expédition du Colonel et l'anéantir si misérablement.* Ils se seraient ensuite employés auprès » des sultans cités plus haut pour leur faire prendre » les mesures propres à rendre leur sécurité aux routes » conduisant à Tripoli, et auraient réussi dans cette » démarche. *On peut donc dire pour Tripoli, faisant allusion au colonel Flatters:* MORS TUA, VITA MEA ! » C'est une conclusion douloureuse, mais cependant » parfaitement logique. »

Ces commerçants Ghradamsins, ces interprètes communiquant ainsi avec l'intérieur africain et vendant contre argent la vie de tous les nôtres, ne sont autres que les Juifs tripolitains, protégés de l'Italie, qui, on le sait aujourd'hui expressément, aussitôt la 2e mission Flatters en formation, envoyèrent un exprès spécial au Hoggar (novembre 1880) pour en porter rapidement la nouvelle, et assurer de la sorte l'assassinat de la mission.

L'importance qu'on attache en Tripolitaine — il faudrait peut-être dire en Italie et en Allemagne — à la non-exécution du railway de Wargla, démontre bien que la première des lignes construites empêchera l'exécution de l'autre projet.

Il faut donc nous hâter, car si nous nous laissions devancer cette fois, le mal serait sans remède.

La voie est reconnue ; nous sommes certains, et *de ce côté seulement, d'avoir une solution pratique réalisable :* qu'Alger se prononce et le succès est certain.

TOUAT, SAHARA & SOUDAN

Les pages qui précèdent étaient déjà imprimées quand a paru l'ouvrage de M. Camille Sabatier « *Touât, Sahara et Soudan* ». C'est donc d'un trait rapide que nous formulons la critique de cette nouvelle étude Trans-Çaharienne.

L'ancien député d'Oran ne pouvait faire qu'un très brillant plaidoyer. Nous l'attendions avec anxiété car on nous avait parlé de preuves irréfutables en faveur de la solution occidentale, avec le Touât et le bassin supérieur du Niger comme objectifs.

Notre expectation a été déçue, car, si dans l'ouvrage considéré, la discussion est habile, savante, étayée sur de très intéressantes informations, riche en hypothèses, séduisante par ses procédés, elle n'est point pour cela convaincante : la démonstration n'est pas faite.

La thèse soutenue par l'auteur du « *Touât, Sahara et Soudan* » étant d'une manière générale identique aux propositions présentées par M. Broussais, en ce qui concerne les objectifs, nous n'avons plus qu'à examiner certains points spéciaux.

La partie véritablement originale du labeur de M. Camille Sabatier est celle qui a pour objet la justification de sa carte. D'une série de renseignements personnels, d'itinéraires consciencieusement recoupés, il déduit, sur l'hydrographie du Çahara occidental, une distribution hypothétique peut-être, mais également ingénieuse.

Cette répartition des eaux est non moins habilement figurée, particulièrement au point de vue des idées soutenues par le texte.

Le dessinateur s'est évidemment laissé emporter par l'imagination du poète, tellement qu'il a mis tout en bleu, dans le pays de ses rêves. Jetez les yeux sur la carte : ne dirait-on pas que le désert s'est changé en bocage ? De l'Algérie à Tem-Bouktou — par la route de l'Ouest — on ne voit que lignes d'azur, donnant l'illusion de sources vives et de cours d'eau murmurant sous les palmeraies ombreuses : Voici le chemin des sages, le vrai sentier de la Vérité..... et du Soudan ! Par l'Ouest, c'est l'Éden ; par l'Est, c'est la Géhenne, où tout est marqué en noir, en sable, en roux, couleurs de feu et de désolation. L'Ighraghrar dont le cours souterrain fournit, sur dix degrés, des sources artésiennes débitant jusqu'à 6,000 litres par minute, alimentant des millions de palmiers, n'apporte — selon M. Sabatier — qu'un *pauvre tribut* (1). Aussi, n'est-il pas même teinté du plus léger bleu de ciel ! Le gassi El-Mokhanza où l'eau affleure presque sur 300 kilomètres de longueur (2) est réputé sans source (3) et teinté en dune ; Timassinin dont les jardins pourraient prendre une extension considérable si l'insécurité du pays n'arrêtait pas l'essor de l'oasis, est également considérée comme ne pouvant jamais être qu'une petite Kouba de terre (4). Amguid, qu'on a daigné marquer d'une croix bleue, fournit, est-il dit, quelque eau vive ; on reconnait, il est vrai, que la mission Flatters y pêcha des barbeaux (5) mais cela ne prouve pas un débit constant à l'ardent défenseur de la

(1) Page 43 : « *Touât-Sahara-Soudan.* »

(2) Voir sa description dans notre brochure, d'après la mission Flatters.

(3) Page 48 : ouvrage cité.

(4) Page 49 : id.

(5) Page 51 : id.

solution occidentale : sans doute, dans ce pays maudit de l'Igharghrar, les poissons renaissent, à la saison des pluies, de leurs œufs desséchés dans les sables !

Il y a des exagérations, des injustices inconscientes ; hypnotisé, ébloui par son idée, l'auteur du « *Touât* » n'a pu rien voir au delà ; cela explique son erreur, égarement d'autant plus étrange qu'il émane d'un homme laborieux, d'un esprit réputé sérieux, d'un savant admis comme sincère, mais aussi d'un charmeur qui en arrive à être la propre victime de sa parole entraînante, de son verbe fait action.

La description des pays, qui suit l'exposition de la carte, procède du même principe. L'auteur s'étend principalement sur les contrées de l'Ouest ; il donne sur les Aouëlimmiden de nombreux détails inédits, de très grande valeur. Quant au Soudan, on dirait que seuls, le Sénégal et le bassin supérieur du Niger constituent cette région : ils intéressent exclusivement l'auteur. Alors vient en quelques lignes, le procès déjà connu de la pénétration par l'Ighraghrar : « route sans eau..... dé- » solée..... aboutissant à un lac anglais..... une partie » seule nous en est connue..... on ne peut prévoir » quelles seront les rampes (1)..... la question d'eau ne » se pose pas, car rien ne fait présumer qu'on puisse en » trouver le long du Gassi Mokhanza (2)..... en trouve- » rait-on qu'assurément cette circonstance ne suffirait » pas à rendre le gassi habitable entre les dunes géantes » qui bordent les deux côtés comme les murs d'une » prison (3)..... n'est-il pas étrange que pour pénétrer

---

(1) C. Sabatier, p. 76 : remarquons que ces reproches s'adressent avec plus de raison à toute la ligne du Touât, dès le versant sud du grand Atlas, c'est-à-dire à partir du 32°, tandis que pour le tracé central, l'approximatif ne commence qu'au 25° parallèle, soit à 700 kilomètres plus avant dans le Çahara.

(2) Nous avons prouvé l'erreur de M. Sabatier, sur ce point précis.

(3) Voir la description du gassi.

» dans l'Afrique centrale on aborde précisément de front » au lieu de le tourner, l'énorme bloc montagneux du » Hoggar(1)..... ce que la convention Ribot-Salisbury nous a laissé sur les bords du Tchad, ne vaut pas la peine d'être nommé..... les régions du Kanem, du Waday sont libres mais aussi suprêmement stériles (2)..... du reste par le Bénoué, les commerçants anglais lutteront victorieusement contre le Trans-Çaharien viâ Ighraghrar..... le Tchad est donc un objectif détestable..... » C'est aussi tout le réquisitoire dont pas un argument nouveau ne vient battre en brèche les preuves que MM. Flatters, Rolland, Philebert et autres partisans de la solution par Amadghror, ont accumulées sur la question.

M. G. Rolland a en effet démontré d'une façon complète dans sa magistrale étude sur le trafic et les tarifs du Trans-Çaharien, que la concurrence fluviale et maritime viâ Benoué-Niger-Atlantique ne pourrait jamais atteindre les tarifs inférieurs du transport par locomotive : nous n'avons donc pas à revenir sur cette démonstration que l'on doit considérer comme un théorème acquis.

Du reste, en un autre point de son ouvrage, M. C. Sabatier fait au sujet des lignes sénégalaises, le procès des communications par eau, mode qu'il déclare inférieur à l'adoption de la voie ferrée Trans-Çaharienne.... sur Oran. Nous nous approprions ses arguments (3) : « Pour se rendre à l'Atlantique, les marchandises auront à parcourir une distance égale à celle qui les mènerait à la frontière Algérienne..... arrivée au port, la tonne attendra à quai, plusieurs jours le paquebot.... la traversée par vapeur sera d'une vingtaine de jours....

---

(1) Il est souvent plus économique de construire un tunnel que de se développer selon un long détour.

(2) On sait ce qu'il faut penser de cette appréciation.

(3) C. Sabat., pages 90-91. Ouvrage cité.

par railway, elle sera donc grevée de frais d'emmagasinage moindres.... il y aura moins de déchet de route.... moins de marchandises avariées ou corrompues.... ces considérations sont dans l'espèce importantes en ce que, tandis qu'en Algérie, par suite de l'abondance de la main-d'œuvre, la manipulation des marchandises est peu coûteuse, elle est, par raison contraire, d'un prix très élevé à la côte d'Afrique.... en outre, le climat si humide et si chaud du golfe de Guinée provoque d'une manière particulièrement rapide la fermentation et l'avarie des marchandises corruptibles, accident beaucoup moins à redouter en Algérie. »

Ajoutons que la Bénoué n'est pas toujours navigable; que déjà, très en aval de son confluent avec le Mayo-Keubbi, elle n'est plus que flottable et seulement à l'époque des hautes eaux ; que cette route, présentée par l'auteur du « *Touât-Soudan* » comme un exutoire rendant le Trans-Çaharien du Tchad inutile, devient par conséquent, pratiquement, commercialement, incertaine, insuffisante, intermittente; qu'enfin, elle allonge d'un mois environ la longueur des relations avec le centre africain.

Nous estimons, en raison de ces considérations et contrairement aux conclusions de M. C. Sabatier, que *l'objectif Tchad présente une importance de premier ordre et qu'il n'est en aucune sorte, au point de vue économique, vassal des bouches du Niger.*

Affirmer que par suite des traités, la région du Tchad est anglaise, nous semble proposition complètement erronée. La compagnie royale anglaise du Niger, il est vrai, occupe commercialement une portion de cette région ; sa zone d'action n'est pas encore définitivement limitée, mais il est vraisemblable que sa frontière d'influence ne dépassera pas le faîte septentrional du bassin de la Bénoué, pas plus qu'elle ne le franchit au Sud. Du reste, l'Est, le Sud du Tchad sont réputés non moins fertiles et riches que l'Ouest, par les voyageurs qui les ont visités ; or, *ces pays sont libres ; les conventions diplomatiques de 1889 n'ont introduit à leur endroit aucune hypothèse de prédominance* — l'argument de M. Sabatier tombe devant ce fait. *Le Tchad n'est pas lac anglais ;* c'est donc un objectif diplomatiquement réalisable et pratiquement, le *point principal de puissance et de commandement du Soudan central.* Les Anglais — qui n'y sont pas installés — ne pourront pas plus nous empêcher d'y écouler les marchandises françaises, que la situation politique de l'Algérie ne les gêne dans la vente de leurs produits sur le sol du nord africain. C'est une lutte de vitesse et de fabrication ; ce sera l'affaire de nos industriels de produire à des prix convenables, les articles appréciés par le troc au Soudan. Quand au railway considéré au simple point de vue trafic, l'origine nationale des marchandises à véhiculer importe peu. L'essentiel c'est qu'il transporte : l'étude des tarifs a résolu affirmativement cette question.

La thèse soutenue par M. Sabatier tendant à prouver que l'objectif Tchad doit être absolument rejeté, est donc encore en l'état de proposition à démontrer.

Nous devons même redouter que notre opinion ne se trouve prochainement expérimentalement vérifiée, car si nos retards déplorables poussaient les capitaux hésitants à la réalisation du Trans-Çaharien par Tripoli, nous ne nous apercevrions alors que trop, et malheureusement aussi trop tard, de la valeur capitale de l'objectif aujourd'hui contesté.

Effectivement comme le dit M. Sabatier, Tripoli est pour l'Allemagne, l'Italie, la majeure partie de l'Europe, l'origine rationnelle du Trans-Çaharien. On peut-être certain que si la Tripolitaine était conquise, si la puissance conquérante était susceptible d'assurer la sécurité dans ces parages, comme nous pouvons le faire en Algérie, le railway Fezzan-Soudan entrerait rapidement dans la période de réalisation.

Il n'en est pas ainsi. La construction du Trans-Çaharien viâ Ighraghrar ou simplement d'une section jusqu'à l'Aïr, neutralisera l'idée même du railway par Tripoli, — que le chemin de fer du Touât ne gênerait en rien — elle assurera à la France, à l'Algérie et pour une grosse part à sa capitale, le monopole rémunérateur, l'entrepôt considérable du commerce central africain : voilà pourquoi nous la préconisons sans que des questions d'intérêt spécial ou de rivalités départementales aient en aucune sorte influencé notre jugement.

Abordant largement l'étude du wêd Messaoura, du Touât et du Soudan-Haut-Niger, M. C. Sabatier en déduit que la solution trans-çaharienne par Igly-Touât-Tin-Bouktou est seule rationnelle.

Ce choix est déterminé par les considérations suivantes :

1° Le Touât mérite à lui seul la construction d'un chemin de fer ;

2° Cet archipel çaharien est, du reste, le passage forcé de la voie sur le Haut-Niger, seul Trans-Çaharien à réaliser.

On savait déjà — et M. Sabatier fortifie cette opinion — que le Touât était un pays particulièrement riche. L'auteur du « *Touât-Sahara-Soudan* » nous parle de 14,000,000 de palmiers et de 600,000 habitants. Ces chiffres nous semblent considérablement exagérés aussi bien que ceux du géographe allemand Ch. Vogel, qui estimait déjà que les oasis disséminées dans l'archipel entier du Touât, sur 300 kilomètres de long et 160 kilomètres de large, comportaient 350 villages, 400,000 habitants et 10,000,000 de palmiers, produisant 200,000 tonnes de fruits. Ces supputations étant basées sur des informations peu certaines, on ne peut nous refuser d'établir un autre compte appuyé sur des postulata de valeur plus sûre.

Admettons ce chiffre de 400,000 habitants ; les données indigènes bien connues, incontestables, nous disent immédiatement que la consommation en dattes de cette population absorbera la production de 6,000,000 de palmiers ; si, conformément à ce qui a lieu dans les oasis du wêd Ghrir, on ajoute un cinquième d'excédent pour les échanges commerciaux, nous n'arrivons jamais, même en acceptant une population majorée, qu'à 7,200,000 palmiers, c'est-à-dire à la moitié du nombre accusé par M. C. Sabatier.

Du reste, ce n'est pas cette différence, quelque grande qu'elle soit, qui influera d'une manière déterminante sur la question discutée : les considérations à intervenir sont d'un ordre plus élevé.

Le Touât est géographiquement français ; sa richesse est incontestable. Nous verrions donc avec satisfaction l'occupation de cette région et nous n'hésitons pas à déclarer que la voie ferrée, corollaire de cette conquête, est à faire. Toutefois cette question est, on le sait, d'une part entièrement subordonnée à une entente diplomatique et, d'autre part, totalement différente de la pénétration du Soudan.

M. C. Sabatier discute bien, il est vrai, la première de ces deux propositions ; mais la subtilité des arguments qu'il invoque à son aide pour résoudre la question dans le sens de sa thèse, ne tient pas lieu de démonstration suffisante et ne prouve en rien le bien fondé de son opinion. Nous l'avons déjà dit, au cours de cette étude, les arguties, les sophismes, ne tiennent pas contre les faits.

M. C. Sabatier reconnaît que dans le traité de 1845 fixant les délimitations de l'Algérie et du Maroc, notre diplomate a été complètement dupé. C'est un cas regrettable, sans doute, mais dont les conséquences ont néanmoins force de loi. Ces sortes de fourberies constituent, du reste, ce qu'on appelle le génie des plénipotentiaires. Quant à prétendre que le faux en géographie diplomatique — élément de la tromperie à laquelle il est fait allusion — suffit pour donner à ce traité son véritable caractère, celui d'une œuvre de mauvaise foi et en déduire qu'il doit être dénoncé, c'est émettre une de ces raisons qui démontrent qu'on n'en a pas même de médiocres à son service. Soutenir que par suite du même traité considéré, le Touât et le Gourara — par cela seuls qu'ils n'ont pas été même nommés dans la convention — sont *ipso facto inexistants* au point de vue diplomatique ; que par suite, le Maroc serait mal avisé d'émettre un droit quelconque sur ces régions, c'est encore une doctrine étonnante dans le cas qui nous occupe et qu'admettront seulement les collectionneurs d'arguments paradoxaux. Du reste, l'article vi du traité de 1845 est à notre avis précis et ne permet de délivrer en aucune sorte, au plénipotentiaire français, le brevet d'ânerie qui lui est si facilement octroyé par l'auteur de *Touât-Sahara*. Cet article est ainsi conçu : « Quant au pays au sud des qçours des deux gouvernements » — et on entend évidemment par qçours, la série des centres fixes longeant le pied du Djebel-Amour, du grand Atlas, et non pas tous ceux pouvant exister jusqu'au Soudan — « comme il n'y a pas d'eau, qu'il est inhabitable et que c'est le désert proprement dit, la délimitation en est superflue. »

Le texte est formel. Il ne délimite pas les *sables*, les pays *sans eau, inhabitables ;* cela n'est pas le cas du Touât, du Gourara, du Tidikelt. Il est clair que ces oasis n'entrent ni dans cette zone non délimitée, ni dans la zone limitée ; elles sont en dehors des territoires visés, et *restent comme avant 1845, sous la suzeraineté nominale du Maroc*. Le cas évident pour les qçours du wêd Draa, est identique pour In-Salah, le Gourara, de même qu'en vertu de l'occupation antérieure, Stamboul conserve ses droits sur Ghrât et que Bilma vient d'être occupée. Ce n'est ni en écrivant ni en disant le contraire qu'on changera les textes, les faits, la doctrine diplomatique.

Que si l'on conteste la suzeraineté du Maroc en invoquant contre ses prétentions l'indépendance des provinces visées, on ne pourra du moins refuser à celles-ci, dès lors indépendantes, la liberté de se réclamer de qui bon leur semblera. Or, que cela nous plaise ou non, des actes de ce genre ont été accomplis. M. Sabatier reconnaît la réalité de ces précédents : qu'avons-nous donc désormais à objecter contre la situation ainsi déterminée, si ce n'est le droit du plus fort, la raison ultime des armes que nous nous gardons, du reste, de nier. Aussi nous n'attacherions pas d'importance aux considérations qui précèdent et nous applaudirions sincèrement à l'annexion du Touât, si toutefois cette conquête pouvait être faite sans danger.

La discussion se trouve ainsi amenée sur le terrain militaire en même temps que sur le terrain des négociations. Sous le rapport militaire, M. C. Sabatier estime que la conquête par In-Salah offre des dangers graves ; qu'elle nécessiterait beaucoup d'hommes ; qu'elle est, au contraire, facile par Igly, le wêd Messaoura.

Nous ne suivrons pas l'auteur sur ce champ d'hypothèses, puisqu'il admet, du reste, comme certaine, l'entente des puissances européennes au sujet du démembrement du Maroc.

M. Sabatier compte, à cet effet, sur l'indifférence de l'Allemagne et de l'Italie. Cela est possible au moyen de compensations. Pour l'Italie, la compensation sera la Tripolitaine. Dans cette hypothèse, le railway Trabels-Tchad — avec Brindisi comme port d'entrepôt — serait probablement vite réalisé. Le Soudan, mis ainsi en coupe réglée par nos rivaux sur l'échiquier économique, nous serait à jamais fermé, car vraisemblablement on ne construirait pas un second railway du Soudan.

C'est encore une solution de la question Trans-Çaharien, mais non pas celle que nous désirons.

L'Angleterre donnera-t-elle carte blanche ? Les établissements qu'elle a installés à l'embouchure du wêd Draa et par lesquels elle draine et alimente le Touât ne paraissent pas devoir être une cause d'indifférence. La convention Ribot-Salisbury, qui reste absolument muette sur cette question de limite occidentale de notre influence dans le Sud-Ouest Algérien, n'offre pas non plus d'argument en faveur du blanc-seing autour duquel pivote le raisonnement de M. Sabatier. Ce silence ne nous dit rien qui vaille et sans prononcer, comme pour le traité de 1845, les mots de duperie ou d'incapacité, nous supposons volontiers que le ministre des affaires étrangères qui a oublié de faire valoir le traité du 27 novembre 1785, donnant à la France l'estuaire nord du Niger, a également pu négliger de faire des réserves, quant aux qçours Touatya.

Reste l'Espagne. L'auteur du « *Touât-Çahara* » reconnaît que nous devons ménager cette nation amie, et dans cette juste pensée, il lui règle sa part dans le démembrement du Maroc. Il estime que le lot qu'il lui assigne suffira pour la satisfaire. Nous pensons que la proposition contraire offre plus de probabilités.

Alors, que reste-t-il de cette entente diplomatique que M. Sabatier admet dans ses prémisses et qu'il juge à ce point simple, qu'il la considère comme résolue ? Une flatteuse hypothèse sur laquelle il n'est permis de rien édifier.

Faudra-t-il alors se lancer dans l'inconnu des conflagrations que nos revendications, pour si légitimes qu'elles soient, feraient nécessairement surgir ? Est-il utile, opportun, possible, de braver ces difficultés ? Il ne faut pas être même petit prophète pour prédire que le Parlement se refusera à de telles éventualités.

M. C. Sabatier supposant la question marocaine résolue, compare les pénétrations du Soudan par l'Ighraghrar et le Touât et attribue l'avantage au second tracé.

A partir de la limite çaharienne, le traçé par l'Ouest

n'existe que par renseignements ou conformément à des hypothèses reconnues acceptables ; le tracé par l'Ighraghrar, au contraire, est rédigé, on peut dire, jusqu'au 25e parallèle, à l'aide de documents spéciaux et précis : nous estimons donc qu'il n'est pas sérieux d'établir au point de vue technique le rapport des divers éléments du détail des projets, car, abstraction faite de l'économie générale de l'axe directeur, les documents nécessaires font absolument défaut en ce qui concerne la ligne de l'Ouest. On ne peut comparer que les organes de même nature ou ceux remplissant le même objet : or cette considération dominante exclut même toute comparaison de détail, car les deux tracés mis en opposition, visent, sans être antagonistes, des objectifs totalement différents.

Nous l'avons plusieurs fois répété : si l'objectif est le Niger supérieur, la direction rationnelle nous paraît être celle que préconise M. Sabatier ; mais s'il s'agit du Soudan central, l'hésitation devient incompréhensible : la voie par l'Ighraghrar s'impose à tout esprit non prévenu. Il ne peut y avoir de discussion que sur l'objectif.

C'est là le premier point à établir avant l'examen de tout tracé, et c'est cependant celui qu'on laisse volontiers dans l'ombre, celui sur lequel on semble chercher à faire naître la confusion, comme si dans des questions de cette envergure il importait de circonvenir, de troubler et non pas de démontrer.

Pour être convaincu, il suffit de jeter les yeux sur la carte ; alors on s'aperçoit aussitôt que le champ d'action du terminus Haut-Niger, avec ses cinq millions d'habitants et sa configuration géographique constituant une zone difficile, une région limitée, fermée ne peut un seul instant soutenir la comparaison avec le champ d'influence du Tchad, sur lequel convergent les routes naturelles desservant les régions immenses qu'habitent plus de cent cinquante millions d'individus (1). Nous ne

(1) Le bassin du Tchad proprement dit compte 40 millions d'habitants.

reviendrons pas sur cette démonstration. Néanmoins, il convient de faire remarquer que, de l'aveu même de M. Sabatier, la densité de la population africaine s'accroît au Soudan, à mesure que l'on s'avance de l'Ouest à l'Est (1). Le Gober — dit-il — est certainement bien peuplé, bien arrosé, très fertile et présente 30 habitations par kilomètre carré (2). Or ce Gober sur lequel l'auteur du « *Touât-Sahara* » s'appuie pour établir l'avantage de sa ligne, absolument excentrique par rapport au Trans-Çaharien occidental, se trouve au contraire directement sur le tracé viâ Ighraghrar-Kano et compte déjà avec l'Adghrar pour 1,100,000 habitants sur les 5,132,000 habitants que M. Sabatier englobe dans le rayon d'action de son tracé.

N'est-ce pas avouer l'avantage du Soudan central sur le Soudan occidental ?

La vérité déborde quand même !

Mais l'auteur du *Touât-Sahara-Soudan* fait une déclaration autrement grave :

« Si le Trans-Çaharien est construit, dit-il (3), il ne
» doit pas l'être en vue de rapporter de gros bénéfices à
» ses actionnaires, mais seulement de permettre à la
» France d'accomplir le plus sûrement possible, au
» Soudan, son œuvre de civilisation et d'exploiter le
» plus économiquement possible les richesses de ce
» pays. Il doit être construit pour ouvrir des débouchés
» à notre commerce dans l'intérêt de nos industries
» productives et pour amener en France, au meilleur
» marché, les denrées à nos consommateurs. »

Ces lignes, écrites par M. Sabatier, sont la plus évidente condamnation de sa thèse.

---

(1) P. 181 (Sabatier).
(2) Id., p. 182.
(3) Id., p. 185.

La région du Tchad, centre commercial et politique du Soudan central, est un fait réel devant lequel doit s'incliner toute hypothèse. Plus peuplée, plus saine, plus riche, plus industrieuse et civilisée que le Soudan occidental des montagnes mandingues, l'Adrar et le Touât réunis, elle présente pour ces causes une supériorité incontestable comme exutoire industriel, comme marché commercial.

Ces points indiscutables établis, il ne s'agit donc plus que de relier à l'Europe ce lieu général de convergence par la route française la plus courte : posé en ces termes, le problème n'admet qu'une solution : la pénétration par l'Ighraghrar.

APPENDICE

Extrait des procès-verbaux des séances du Conseil général d'Alger
(Session d'octobre 1890)

Une objection d'ordre général consiste à dire que le Trans-Çaharien ne réalisera pas de trafic.

Sans entrer dans de longs détails, sans analyser les conditions commerciales des diverses sections de la ligne, sans s'égarer au milieu de considérations intéressantes sans doute, mais qui ont le défaut de s'appuyer sur des « postulata » discutables, il est facile, en considérant simplement les productions du Soudan central, de faire naître en tout esprit non prévenu, non pas la certitude absolue, mais la présomption très sérieuse du trafic contesté.

La France importe annuellement 700,000 tonnes de marchandises fournies ou susceptibles d'être livrées par le Soudan central. Sans faire aucune hypothèse sur le quantum du trafic probable, bornons-nous à constater qu'un écoulement annuel de 132,000 tonnes par le railway Trans-Çaharien suffirait à alimenter un train quotidien de 360 tonnes.

Que faut-il, pour que cette part de 200,000 tonnes soit prélevée par le railway Alger-Soudan sur le transport des 700,000 tonnes importées en France? une seule condition : que le prix de revient par voie de fer soit égal ou inférieur au prix de revient par mer.

Le fret par mer varie de 30 à 90 francs la tonne pour le Sénégal, il atteint la moyenne de 94 francs pour le golfe de Guinée.

Par railway, en prenant pour base le prix de revient du transport, *dans les conditions d'exploitation les plus favorables et pour ainsi dire théoriques,* il est possible d'atteindre le chiffre de 0 fr. 010 (1) la tonne kilométrique. Dans ces conditions — sans faire aucune distinction de catégories, non plus que de sections, et en considérant en bloc le trafic probable du Soudan — le transport d'une tonne, du Tchad au littoral, coûterait « 34 fr. »: ce qui démontre la proposition.

Sans doute, nous avons admis des conditions favorables d'exploitation presque irréalisables ; mais d'autre part, nous n'avons pas tenu compte des difficultés d'embarquement à la côte d'Afrique, non plus que de ces séries de majorations qui font qu'à cette côte, les marchandises valent deux, trois, cinq fois leur prix dans l'intérieur, où le railway les pourra charger, conditions qui rétablissent les situations réciproques des deux modes de transport et maintiennent la différence de fret en faveur de la locomotive.

Certainement les chiffres qui viennent d'être posés ne doivent être pris qu'à titre d'indications vagues ; ils constituent de simples données approximatives établies du reste pour l'Europe et susceptibles de rectifications; mais ces calculs ne sont pas moins instructifs comme repères et comme base sincère d'hypothèse économique, permettant de déduire la présomption sérieuse d'une opération équilibrée, d'un trafic probable réalisable à des conditions déterminées.

M. V.

---

(1) Traité de J. Van Brunen — M. V. Borries.

Extrait du « Petit Colon Algérien »
(Novembre 1890)

SOLUTIONS TRANS-ÇAHARIENNES

AVEC ALGER COMME ORIGINE PRINCIPALE

et une artère centrale commune aux tracés de l'Est (IGHRAGHRAR) et de l'Ouest (TOUAT)

Nous avons déjà eu l'occasion d'exposer à plusieurs reprises, que la pénétration du Soudan, en partant de l'Algérie, ne pouvait être logiquement et directement réalisée qu'en faisant concorder la direction générale des voies ferrées d'invasion avec le lieu des dépressions aquifères qui conduisent vers l'Afrique Équinoxiale.

On n'ignore plus au point où en est la discussion, qu'il existe seulement deux grandes lignes d'eau jalonnant la traversée du Soudan, l'une à l'Est, l'autre à l'Ouest du méridien d'Alger et que chacune de ces voies vise un objectif différent, tout en satisfaisant cependant, *à la rigueur*, aux deux solutions, à l'aide de transversales convenablement choisies :

1° Celle du wêd Ghryr-Ighraghrar, prolongée par les vallées tributaires du lac Tchad, et ayant pour but spécial, l'accès au Soudan central, la région du Tchad, ce nœud de puissance stratégique et commerciale qu'il s'agirait d'occuper sans tarder plus longtemps;

2° La route de l'Ouest, concernant le Soudan occidental, maritime, Sénégambien.

Ce second tracé suit l'important thalweg d'écoulement du grand Atlas Orano-Marocain, dont les eaux, sous différents noms: — wèd Ich, Zousfana, Guir, Saoura, Messaoud — concourent à l'alimentation et à l'irrigation de toute la région du Touât et de son prolongement méridional.

Certains auteurs — et parmi eux M. Sabatier, ancien député d'Oran — avancent même, à titre d'hypothèse, que le val du Messaoud, après avoir disparu quelque temps sous la corne orientale des dunes d'Iguiden, continuerait son cours au sud, pour rejoindre plus ou moins directement les marécages de Timbouktou.

A notre avis, et dans un ordre d'idées voisin, il conviendrait plutôt de dire que le système du wèd Messaoud et de ses prolongements hypothétiques, appartient au lieu général de la grande dépression occidentale, dont fait partie le réseau du Niger, — similaire de la dépression orientale: Tchad, Ighraghrar, wèd Ghryr — cette zone de basses altitudes présentant simplement, à hauteur du Tropique, un faîte peu accusé, tel qu'à l'époque des pluies, les eaux Çahariennes et Soudaniennes arrivent à s'étaler, à se confondre sur un vaste espace lacustre, situé au débouché du grand val des Touareg-Iboguelan, le Qrâha d'In-Ezziza (In-Zize, Es-Ziza; (1) — mettant ainsi en communication théorique, momentanée, les rivières du grand Atlas orano-marocain avec le cours du Niger.

---

(1) Dans le système étymologique kelto-asiatique ce nom signifie: In, origine antérieure; Ez, pierres volcaniques; Iz, eau qui marche, racines toponymiques, correspondant singulièrement à la topographie de la région.

Les deux grandes artères çahariennes dont il a été question comportent entre elles des lignes de relations qui permettent de passer facilement de l'un à l'autre système, du bassin oriental des Syrtes au bassin occidental de l'Océan.

Dans cet ordre d'idées il convient de mentionner trois solutions fondamentales que l'état actuel de nos connaissances géographiques permet de garantir :

1° La relation de direction N.-E. S.-O. caractérisée par le système du wêd Mya, — avec variante préconisée par MM. Fau et Foureau et qui mène de Wargla au Touât.

2° La transversale de direction générale N.-E. S.-O. qui partant d'Amguid et laissant le Kranfoussa à 20 kilom. sur sa gauche, épouse ensuite, soit le wêd Tirhejirt qui conduit vers Es-Zize, soit le wêd Amedjel-Taghritt lequel du massif d'Idelès, par le couloir de Timasao (Timissaou), mène sur la rive gauche du Niger-Iza en aval de Tim-Bouktou. (Renseignements de la 2e mission Flatters).

3° La ligne transversale de direction N.-O. S.-E., sensiblement anti-parallèle aux précédentes, avec origine de bifurcation, sur le tracé occidental, à hauteur du Tropique du Cancer et qui, de là, par la trouée de Timassaou et l'une des sources du Tin-Tarabin, rejoint dans l'Azben, le tracé oriental. Nous citons cette direction sous toutes réserves car elle n'est donnée que par renseignements : ceux des Touareg Taïtoq et Kel-Ahnet, les itinéraires de M. Largeau. Néanmoins il est certain qu'il existe une relation de cet ordre, suivie par les caravanes, au N.-O. de l'Adghraghr ou du Tassili des Tehdjéhé Nou-Sidi. L'état de nos connaissances géographiques concernant le centre d'élection des Touareg Aouêlimmiden, permettent d'affirmer qu'une telle ligne doit offrir des conditions de facilités spéciales, la région étant éminemment salubre, riche en eaux, en pâturages, en bestiaux, par suite, absolument propre à l'acclimatation des Européens.

Tel est l'ensemble du réseau communiquant.

Quelle que soit la solution à adopter pour la pénétration du Soudan, il n'est pas inutile de déterminer comment la province d'Alger, jusqu'à présent si déshéritée en fait de voies de pénétration stratégiques et commerciales, peut rationnellement et directement se relier à l'un ou à l'autre des projets Trans-Çahariens en compétition, de façon à ce que la ville principale de l'Afrique française du Nord devienne la tête de ligne effective du Trans-Çaharien, quel qu'il soit.

Le problème ainsi posé trouve sa solution dans la construction d'une artère commune aux deux tracés de l'Est et de l'Ouest avec Alger comme origine et deux branches divergentes, selon les directions les plus directes, les plus favorables, pour relier le tronçon axial à chacune des deux artères spéciales conduisant au Soudan et constituant le Trans-Çaharien proprement dit.

Le tronc commun aux deux solutions trans-çahariennes — NON POINT ANTAGONISTES, MAIS D'OBJECTIF DIFFÉRENT — peut être défini, comme direction générale, par les trois points : ALGER, BOGHARI, AYN-EL-YBEL (à 40 kilomètres sud de Djelfa), ce dernier déterminant approximativement le lieu de bifurcation, le terminus du tronçon commun.

D'Ayn-el-Ybel, la branche relative au Trans-Çaharien occidental atteindrait Sydy-Maklouf, les qçours çahariens du Djebel-Amour et viendrait se souder, dans le val çaharien du Namous, au prolongement du railway d'Aïn-Sefra, pour gagner de là, dans le thalweg du Zousfana, le lieu de dépression du Çahara occidental.

La branche orientale concernant la Trans-Çharienne du Tchad, se rend par les wèd Dmed et Rtem, dans la région du wèd Ghryr, où elle s'aiguille sur la véritable artère trans-çaharienne de Wargla au Tchad.

D'aucuns s'étonneront sans doute de nous voir délaisser le Mzab.

Nous pensons qu'il y aura lieu de desservir ultérieurement cette chebkèt intéressante, mais seulement par un embranchement spécial, en cul-de-sac, et à cet effet d'atteindre au delà d'Ayn-el-Ybel, la région des Daya, Ogla-Mdagguin, Berrian et Ghrardaya.

Le même embranchement desservirait aussi Laghrwât, dans le cas où l'hypothèse orientale serait réalisée.

Toutefois nous estimons que l'importance du Mzab ne comporte pas les difficultés que présenterait la ligne directe sur Wargla, par les bords de la chebka.

Nous avons exposé plus haut la direction générale de la ligne d'axe du tronc commun projeté ; examinons maintenant quelques détails du tracé.

Artère commune

Nous admettons qu'ALGER sera l'origine principale du système considéré.

D'Alger, le tracé passant en tunnel sous la croupe du quartier de la Préfecture (boulevard des Palmiers, arsenal d'artillerie) gagne successivement — en suivant le bord du rivage tantôt en corniche, ici en soutènement, là en tunnel ou viaduc — le faubourg BAB-EL-OUED, SAINT-EUGÈNE, la POINTE-PESCADE, le CAP-CAXINE, GUYOTVILLE, STAOUÉLI, SYDY-FERRUCH. Il dessert ensuite ZÉRALDA, DOUAOUDA-CASTIGLIONE, tourne dans la TROUÉE DU MAZAFRAN, où est placée la station de KOLÉA, quelque peu distante du centre de ce nom.

De cette station on pourrait se diriger sur Oued-el-Alleug pour enfiler ensuite la Chiffa et utiliser le railway de Médéah.

Il est possible, il est même probable qu'en pratique on adoptera ce tracé et qu'on se résoudra, par suite des situations acquises, à emprunter le railway construit dans les gorges, bien qu'une telle solution oblige à s'élever avec des pentes fort raides, des courbes multiples sur des terrains en glissement, à franchir, à une altitude supérieure à mille mètres (1,000) le faîte séparatif du Tell et de la région des hauts steppes, et impose, par suite, à tout le transit du sud, un travail mécanique superflu et une augmentation de prix correspondante, pour la tonne et le voyageur kilomètre.

Toutefois, nous ne pouvons passer sous le silence une autre solution, quelque théorique qu'elle puisse rester, car elle permet de franchir ce même faîte par un col avantageux, à 500 mètres d'altitude, avec un tunnel de 800 mètres, offrant de ce fait un avantage signalé, c'est-à-dire la diminutiou du travail nécessaire qui, sur le tracé concédé, en construction, grève inutilement tout le trafic du Sud.

Dans cette hypothèse, à partir de Koléa, nous nous dirigerions donc vers la gorge du Bou-Roumi de façon à utiliser, si cela est nécessaire, le pont de la Cie P.-L.-M. construit sur le thalweg.

Remontant le *Bou-Roumi*, le *wêd Sebt*, son affluent, le *wêd Rabalou*, sa continuation, nous franchirions le faîte à la cote 500 mètres par un tunnel de 800 mètres et déboucherions dans le bassin du Cheliff pour gagner, sans nouvelle contre-pente, la région des hauts steppes.

Le *wêd Barhour* nous conduit à la cote 430 mètres dans le lit du *wêd El-Arbil*, d'où nous entrerons, à Amoura, à la cote 360 mètres, dans le *Cheliff* proprement dit, pour atteindre de la sorte le centre important de Boghari.

La traversée du goulet du Cheliff que nous venons de décrire à grands points n'offre, du reste, sous le rapport des difficultés, aucune similitude avec le passage ardu des gorges de la Chiffa ; cela est un fait indiscutable, acquis. De ce côté, il ne peut donc être fait d'objections techniques. Il a été déjà exposé qu'au point de vue de l'exploitation, une telle ligne réservait au trafic de véritables ressources.

Au delà de Boghari, le tracé longe la rive droite du Cheliff en passant par le gîte d'eau de Ayn-Sba et les puits de BOU-GHREZOUL, puis il se prolonge, à peine détourné de la rectiligne, par des inflexions insignifiantes, dans la direction du KRACHEM et d'AYN-OUSSERA, gîte d'eau important, vers la limite nord des terrains halfatiers ; franchissant la dépression de BOU-CEDRAYA, centre halfatier très important, on se dirige pour passer la chaîne d'*Oukeyt* prolongement du *djebel Çahari-Darahoui*, soit au col de GUELT-EL-STEL, soit au TENIET-KEBOURYA. Au delà, on descend sur MESRAN et l'on traverse le bassin des ZAHREZ.

A noter, non loin de Mesran : la source chaude AYN-EL-HAMYA, le superbe puits artésien dit : AYN-MALAKOF et le barrage du wêd El-Melah qui permet d'obtenir dans cette région, des moissons d'une richesse incomparable.

Le passage du banc de sables coupant la plaine du Zahrez n'offre aucune difficulté, car, là comme dans tout le Çahara, les rides de dunes présentent toujours un certain nombre de couloirs praticables. Les travaux effectués pour la fixation de ces dunes ont en outre réussi complètement et leur assiette étant du reste parfaitement solide, il devient toujours facile de se protéger contre le déport du sable superficiel. Puis il faut bien détruire encore une de ces vieilles légendes du Çahara. L'ensevelissement d'armées vivantes ou simplement de caravanes n'a jamais existé que dans l'imagination des historiens de Cambyse ou des voyageurs à l'esprit inventif. Cependant quand un simoun violent perturbant l'atmosphère épand, dense dans l'air comme une épaisse bruine de particules sableuses ; quand sous le coup de la bourrasque, le désert bouleversé perd l'empreinte de toute trace indicatrice ; quand l'homme aveuglé par la tourmente, incapable de continuer son chemin, se jette la face à terre pour éviter le brûlant du vent, le fouet cuisant du sable ; alors si le voyageur surpris s'égare, si, désorienté, il ne sait plus retrouver la direction des puits, le repère des rdyrs, c'en est fini de lui ; il périra de soif et les ossements blanchis de la caravane, à peine estompés par la roche dynamisée du désert, diront à ceux qui passeront par là les tueries de la rafale.

Nous sommes à cet instant arrivés au ROCHER DE SEL, dont l'exploitation en même temps que celle d'un autre gîte situé vers 15 kilomètres dans son Est, constituerait certainement, tout en réservant les droits des indigènes, un article notable de trafic.

A partir du Rocher de Sel, la ligne s'engage dans une région légèrement ondulée, parsemée de crêtes — faciles à éviter ou franchir — et qui forment le dernier seuil montagneux en avant du Çahara, seuil continu depuis l'Atlantique, sur le littoral marocain, jusqu'au Raç-el-Adar (cap Bon de Tunisie) dont les pointements principaux se dressent en Algérie sous les noms de djebel Amour, djebel Çahari, djebel Boukayl, djebel Ahamar-Khradou, djebel Aurès, djebel Chechar.

La direction suivie par le tracé que nous décrivons coïncide précisément avec celle des cols le plus bas de toute la ligne, c'est-à-dire d'une altitude inférieure 1,100 mètres. Observons en outre que la disposition des thalwegs rend ce tracé d'une facilité élémentaire en ce qui concerne le passage du grand Atlas.

Côtoyant le *wêd Djelfa*, nous atteignons sans peine le centre de ce nom, marché de moutons et de laines considérable, point militaire d'une très grande importance pour la pacification de l'Algérie, au milieu d'une région remarquable par l'étendue de ses forêts de pins, de chênes, de thuyas, de genévriers de Phénicie.

Au delà de DJELFA et environ à 12 kilom. dans son sud, on franchit le faîte culminant, près du point dit DAYT-EL-MAHALA, puis on chemine au milieu des vastes ondulations d'halfa, dans la petite vallée du WÊD CEDŒR, d'un accès absolument facile, pour atteindre AYN-EL-YBEL point d'eau remarquable.

C'est à 17 kilom., au sud d'AYN-EL-YBEL, au confluent du *wêd Cedœr* et du *wêd Tadmyt-Hammouyda,* que se trouve le POINT EXACT TERMINUS DU TRONÇON COMMUN considéré, le lieu de croisement des branches intéressant respectivement chacune des deux Trans-Çahariennes de l'Est et de l'Ouest.

Avant de poursuivre l'étude du faisceau divergent, faisons remarquer, sans revenir sur ce qui a déjà été dit au sujet du tracé de la ligne jusqu'à Boghari, que la direction suivie ne rencontre que des terrains d'une bonne tenue, très légèrement ondulés, à part le rideau du djebel Oukeyt et la partie montagneuse éminemment facile du pays de Djelfa. Observons encore — et cela est une condition inappréciable — qu'aussitôt les régions du Tell franchies, le tracé proposé se trouve jalonné de la manière la plus satisfaisante en gîtes d'eau, aussi bien et même mieux — bien que cela paraisse paradoxal — que toute autre ligne épousant le thalweg du haut Chéliff. Cette rivière, en effet, n'a guère d'eau qu'aux approches de Boghari, en aval du confluent de Nahar-Ouacel... En amont, si ce n'est à l'époque des crues, elle est généralement à sec, et le tracé qui se prolongerait vers le haut thalweg de cette rivière se trouverait, pour franchir le faîte de l'Atlas, selon le prolongement du djebel Amour, dans des conditions beaucoup moins avantageuses que dans le cas du passage par le wêd Djelfa, dans le wêd Cdœr, et dans son prolongement, le wed Tadmyt-Hammouyda, thalwegs pourvus d'eau en tout temps.

Si l'on joint à ces considérations concernant l'exécution du tracé, celles tirées du trafic et de l'utilité stratégique, on a des arguments suffisants pour justifier à ces divers titres, l'utilité et même l'urgence du tronçon commun proposé.

Faisceau divergent

BRANCHE ORIENTALE VERS LE TRANS-ÇAHARIEN WARGLA-TCHAD

Nous avons dit que le point exact de bifurcation du système satisfaisant aux deux tracés Trans-Çahariens par l'Est et par l'Ouest, se trouvait au confluent du wêd Cedœr et du wêd Tadmyt-Hammouyda, qui sous le nom de wêd Demmed, débouche dans le wêd Djeddy, rive gauche.

Il n'est pas sans intérêt de faire ressortir, alors que les régions algériennes sont généralement assez parcimonieusement dotées sous le rapport hydrologique, que ce wêd Tadmyt, suivi par le tracé, roule au contraire, l'année entière, des eaux vives, abondantes, excellentes.

D'antiques ruines importantes attestent le haut cas que les Romains faisaient de cette zone africaine qui fut, selon la tradition arabe, l'une des ultimes citadelles où se réfugièrent pour lutter énergiquement contre les conquérants arabes, les premiers colons latins.

De nos jours encore, la plantureuse vallée du Tadmyt offre de grandes ressources et de magnifiques pâturages. Ce sont ces considérations qui avaient décidé le gouvernement à installer à Tadmyt une smalah indigène et le dépôt d'un équipage de colonne, à l'effectif de mille chameaux.

Du confluent, le tracé suit la vallée qui prenant bientôt le nom de WÊD HAMMOUYDA est également toujours pourvue d'eaux vives comme son cours supérieur. Il traverse les beaux jardins de M'ÇAD, DMMED, EL-HANNYA, superbe oasis dont le territoire est jonché de nombreuses ruines, indices d'une antique colonisation avancée. Par la trouée du WÊD DMMED, il franchit, à l'aide de quelques travaux insignifiants, les minces murailles rocheuses qui constituent l'ossature septentrionale du bassin wêd Djeddy, abordant la grande rivière Çaharienne à son confluent : Haniet-el-Mnaçeria.

La ligne devra se développer alors sur la rive gauche du wêd ; le point de passage, à déterminer exactement, se trouvera non loin, en amont de Bou-Rdym, où les encaissements du thalweg offrent des points propices, en aval des zones basses ou le wêd, à l'époque des crues, s'étale sur plusieurs kilomètres de largeur.

Le wêd Djeddy franchi, le tracé pourra s'élever le long des berges sud et s'infléchir vers l'est-sud-est, pour gagner la région de Lefta-Nakhrla, suffisamment pourvue d'eaux. Ici nous cheminons sur un terrain solide, présentant une assiette excellente, et formé alternativement de Gantaras (terrains plats et fermes) et des ondulations crétacées qui contournent les bords occidentaux de la petite Chebka de Moulàdam (1).

La ligne atteindrait ainsi Mouladam, gîte d'eau très important à la tète du wêd Rtem.

Longeant le cours de cette rivière, nons passons successivement à Wglêt-Smara, Hassi-Zied, Wglêt-Ghemsa, riches en eaux et en pâturages, et nous arrivons enfin à Tamerna, terminus *de la section Algérienne proprement dite*, oasis très importante, au centre du wèd Ghryr (2).

En ce point situé à 150 kilomètres de Biskra et à 50 kilomètres de Touggourth (3), notre tracé se croise et se confond avec la voie ferrée projetée Biskra-Toug-

(1) Gisement des os : Cette dénomination provient de ce que le sol est jonché de nombreux rognons de silex en forme d'os.

(2) D'après Ch. Lassalle et son système étymologique Kelto Asiatique, Ghryr pour Rhir et Re-ir, signifie : rivière forte.

(3) Ety. Kelto Asiat : Touggourth pour Tuggurt — T (c'est) ug (énorme) gur (rivière) urt (blessée) c'est-à-dire, une rivière qui a reçu une immense blessure ; cette signification concorde avec la dénomination arabe du wêd Ghryr (rivière de Touggourth, coulant aujourd'hui souterrainement) et qui veut dire « rivière qui s'est cachée, affaissée ».

gourth, première section *Constantinoise*, du Trans-Çaharien par Wargla (1).

BRANCHE OCCIDENTALE VERS LE TRANS-ÇAHARIEN DU TOUAT

La réalisation de cette branche est d'une importance stratégique de premier ordre, le railway suivant ce tracé devant nécessairement commander toutes les communications des nomades du sud-ouest avec leurs qçours d'approvisionnement du djebel-Amour.

Le terminus du tronc commun franchi au confluent des wêd Cedœr et Tadmyt, le tracé de la branche occidentale dont l'objectif déterminé est de gagner d'une façon avantageuse le Trans-Çaharien occidental, prolongement du railway d'Ayn-Sefra, suit approximativement la direction générale de la route de Laghrwat. C'est ainsi qu'il passe au gîte d'eau de SYDY-MAKLOUF, laissant sur sa droite le massif de Miloch.

Arrivé sur le wêd Djeddy, il traverse cette rivière à RAÇ-EL-AYOUN, à l'aide d'un pont dont l'établissement n'occasionnera ni méprise, ni difficultés. Les sondages exécutés en effet au point même de Raç-el-Ayour et qui avaient pour objet l'établissement d'un barrage, permettent d'affirmer qu'on trouve la roche dure, en place, sous la couche de sable, par dix mètres de fond, au maximum. Il sera donc facile d'asseoir solidement les piliers de cet ouvrage, d'appuyer ses massifs d'amarrage à l'abri de tout glissement.

On arrive dès lors à LAGHRWAT (2). On sait la valeur militaire de ce poste, qui est le centre des groupements

---

(1) Ety. Kelto Asiat : Wargla — war ou bar (barrière) gla (passage); et en effet Wargla est le passage de la barrière qui ferme les routes d'In-Çalah et de l'Ighraghrar.

(2) Laghouat.

militaires du Sud. C'est aussi le qçar d'approvisionnement de la tribu guerrière des Larba, qu'on tient de cette façon dans ses mains. L'oasis de Laghrwat suffisamment prospère est susceptible d'un puissant développement; celui-ci se manifestera nécessairement le jour où l'exploitation des voies ferrées permettra des transactions économiques, et légitimera du même coup la dépense de quelque deux cent mille francs que nécessitera la construction du barrage de retenue des crues du wêd Djeddy.

En quittant Laghrwat, le tracé, se dirigeant au sud-ouest, suit la dépression du wèd Messad, jolie vallée abondante en pâturages et peuplée de bétoums.

S'infléchissant légèrement à l'ouest, la ligne vient alors longer le pied méridional du djebel-Amour sans présenter pour ainsi dire d'autre travail de construction que la pose des rails.

On passe au Wolet-Moulah, puis à quelques kilomètres de Tadjerouna ; on coupe le wêd Zergoun — tellement plantureux qu'un proverbe arabe dit en parlant de cette vallée : « Le père y peut avoir sept fils et donner à chacun d'eux son fromage » — et on arrive à El-Maya.

Poursuivant parallèlement à la direction générale du Djebel-Amour mais à quelque distance de ses dernières ondulations qui décrivent en ce point une sorte d'inflexion concave du côté sud, la ligne rencontre l'aiguade d'El-Meguerch, passe à quelques kilomètres sud de Sidi-Ali-ben-Tiffour, dessert Si-Naccer et atteint le Qçar important de Brézina.

Là nous entrons en pays de gours et le tracé se développe sans difficulté selon les couloirs qui séparent ces collines tabulaires de grès tendre; puis les wêd Bou-Rdym et les dayet Bou-Thabet franchis, on atteint El-Abiod-Sydy-Cheykhr.

De là, la ligne cheminerait dans le wêd Beradad, passerait dans la riche vallée du Bou-Semroun dont elle desservirait le très important Qçar et atteindrait enfin, sur le wêd Namous — dont la haute vallée prend les noms successifs de wêd Sellam, wêd Tiout, wêd Ayn-Sefra — le Qçar de MOGHRAR-TATANI, station future du Trans-Çaharien, d'Ayn-Sefra au Touât.

Les détails que nous avons donnés dans cette série d'études Trans-Çahariennes doivent suffisamment prouver à tout esprit non prévenu, que la question traitée est à cette heure assez connue pour qu'on soit autorisé à aller de l'avant, particulièrement dans les sections algériennes, et que la solution par le tronçon commun proposé, joint aux facilités d'exécution technique, des conditions d'exploitation qui ne permettent pas d'expliquer comment la ligne de pénétration de la province d'Alger, une des premières sections du Trans-Çaharien, n'est pas même, en ce moment, seulement mise en discussion !

Aucune difficulté d'ordre technique ne peut être invoquée contre elle; sous le rapport statistique, sa valeur est aussi grande sinon supérieure à la situation économique des autres artères ferrées de pénétration, dont on a si généreusement doté les départements voisins. Quel argument sérieux peut-on donc produire contre notre thèse, que renforce encore l'équité des revendications du département d'Alger ! Nous ne voyons pas quelle raison plausible la représentation algérienne pourrait invoquer, pour se refuser à appuyer les légitimes réclamations de la province ? Nous pensons même qu'elle serait aussi sévèrement jugée par ses amis que par ses adversaires, si par le fait de son indifférence ou de son attitude, contraire aux intérêts généraux de la région, la capitale algérienne venait à rester en dehors du mouvement commercial qui va se créer autour du Trans-Çaharien.

SUMMUM PONTIFICIS MAXIMI OPUS

La personnalité du Primat d'Afrique est trop considérable, la portée des actes qu'accomplit l'Éminent Vicaire apostolique du Çahara-Soudan est en même temps trop grande, pour que nous négligions d'analyser dans cette étude trans-çaharienne la récente création des Frères armés du Çahara, institution en quelque sorte connexe de la pénétration de l'Afrique équinoxiale.

Une erreur de logique très commune est presque régulièrement commise lorsqu'il s'agit d'apprécier les faits de la vie politique. Cette méprise consiste à estimer tel acte considéré en raison des intentions intimes qui paraissent avoir animé leur promoteur et non d'après les résultats acquis ou ceux dont il est légitime de supputer la réalisation. Ce point de départ admis, on arrive fatalement alors à faire intervenir les questions de sympathie, d'antipathie, des conditions diverses concernant la personnalité dirigeante, de telle sorte que des considérations étrangères à la proposition visée finissent par constituer à elles seules l'élément prépondérant sur lequel est basé le jugement définitif.

Dans le cas particulier dont il est question, les admirateurs passionnés du cardinal célèbrent l'Ordre restauré des Chevaliers de Rhodes, parce que c'est l'œuvre de Son Éminence Blanche, l'apostolat du Kryst contre le sectateur d'Islam.

Ceux qui veulent s'élever contre l'institution insistent sur l'ambition du prélat, montrent sa personnalité envahissante, clament le scandale de ses succès, sans songer qu'en tout cela gît peut-être le sceau indéniable du génie.

Ils ajoutent que l'entreprise est antipatriotique en raison des projets de piraterie et de prosélytisme catholique qu'à leur avis elle cache; ils disent que ce n'est pas à une association d'allure religieuse qu'il convient de laisser jalonner la route du Soudan et ils concluent à la suppression du corps franc-çaharien.

Dans un siècle de liberté qu'on proclame absolue en ce qui touche les droits de la pensée, à une époque où les maximes de la Révolution sont constamment sur les lèvres, au jour où ses immortels principes ornent le frontispice de nos institutions, c'est un spectacle bien singulier que de voir établir l'appréciation d'une œuvre, en raison du « Credo » que professe son créateur! Tel n'est pas l'esprit qui préside à notre examen.

L'organisation des Frères armés procède de deux modes définis : celui qu'avaient adopté les Romains pour la défense de leurs *marches çahariennes* et qui a été remarquablement développé par le général Philebert, dans sa brochure « *Postes dans le Sahara* »; l'autre, qui est l'application partielle de la méthode dont usent les khrouans des sectes musulmanes pour répandre avec succès les préceptes du Qôran.

Armés seulement pour se défendre, les Pionniers du Çahara vivront spécialement de leur travail, fondant de proche en proche des oasis nouvelles, asiles de liberté et d'initiation.

« Celui qui a la foi peut transporter les montagnes », dit allégoriquement l'Évangile. C'est presque la formule de probation du « Frère armé ».

Pour réussir, il faut avoir foi dans son œuvre. Que cette foi soit raisonnée ou seulement la croyance des simples, peu importe : avec elle, seulement, on peut accomplir les prodiges.

Le Cardinal qui sait merveilleusement les hommes et les choses, exige donc tout d'abord la foi à l'idéal qui est le sien.

« Que celui qui n'a pas le détachement des choses » terrestres, l'amour de la patrie chrétienne, le senti» ment du travail, le désir de procurer le bien des hom» mes et la gloire de Dieu (1) », que celui-là passe son chemin ; la croix de gueules sur champ de laine serait pour lui un blason trop lourd à porter. A moins d'être un homme d'élite, un initié susceptible de manier sans faiblir l'arme dangereuse de la libre pensée, il serait inférieur à sa tâche de « pionnier », tâche d'abnégation, de fanatisme humanitaire, et pour ceux qui croient aux dogmes chrétiens, tâche d'expiation et de charité.

Constantin vainquit par la Légion thébaine. La France serait mal avisée de refuser un tel concours, par cela seul qu'il est marqué de la Croix cardinalice et qu'il s'élance le Labarum en tête au lieu de l'Arche d'Israël.

Déjà une erreur de ce genre nous a fait perdre un empire au Soudan. Le fait mérite d'être signalé :

C'était, il y a quelque dix années. Les missionnaires d'Alger, installés dans la région du Nyanza, avaient pris une influence à ce point considérable sur les puissants rois nègres de l'Ouganda et des autres pays voisins (2) qu'ils les avaient décidés à se mettre officiellement sous le protectorat de la France. L'évêque du Nyanza, envoyé plénipotentiaire de ces cours équatoriales et le cardinal Lavigerie offrirent donc au Gouvernement la prise de possession nominale des territoires considérables, moralement conquis par les Pères blancs et sur lesquels ils avaient, du reste, acquis de vastes pro-

---

(1) Lettre de son Éminence le Cardinal Lavigerie aux volontaires de l'œuvre antiesclavagiste.

(2) Afrique équatoriale, au nœud orographique d'où descend le Scharry, affluent du lac Tchad.

priétés : ces propositions avantageuses furent repoussées ...... Il ne fallait pas qu'un cardinal fût l'auteur d'un tel bienfait ! !....... Aujourd'hui, l'Allemagne et l'Angleterre se partagent ces riches zones africaines, alors que les missions françaises nous y avaient cependant créé des droits incontestables de priorité, et tandis qu'on accuse d'antipatriotisme ceux-là qui veulent nous constituer sur la route du Soudan les avantages qu'ils nous avaient autrefois obtenus dans le centre africain. Protégés par leur milice armée, non pas contre les peuplades autochtones bienveillantes et paisibles, mais contre les Arabes négriers, les Pères blancs continuent de vivre et d'étendre leur influence au milieu de ces pays sur lesquels aurait pu flotter le drapeau de la République, mais dont les protecteurs actuels se gardent bien toutefois d'entraver l'action civilisatrice des moines français.

La suppression de l'esclavage est le but principal visé par l'institution des « frères armés du Sahara » : c'est la caractéristique de l'ordre. Toutefois, il ne faut point qu'on se méprenne sur les moyens qui seront employés à cet effet et au sujet desquels la Presse a commis de nombreuses erreurs (1). Les « frères armés » ne vont point partir en guerre contre les caravanes d'esclaves, ni exercer une action officielle pour empêcher le commerce du « bois d'ébène ». Leur méthode sera tout autre, et sans que leur intervention puisse être pour la France la cause de conflits ou de difficultés. C'est par la création de *refuges défensifs*, où les malheureux capturés trouveront par la charité, la guérison de leurs bles-

(1) On sait que le plus grand nombre des journaux et des agences d'informations dépendent de la communauté israélite ; cette situation explique d'une manière très simple les inexactitudes défavorables qui sont répandues sur l'œuvre du Cardinal et les violentes attaques dont elle est l'objet. Les indépendants ne se laisseront pas prendre à ces perfides manœuvres ; la tactique devrait être de se liguer contre ceux qui, à cette heure, tendent à faire de la vieille France un nouveau royaume d'Israël.

sures, la liberté par le travail, que s'exercera efficacement la mission de ces pionniers.

Ainsi que le proclame le Primat d'Afrique, chacune des contrées où ils auront pu s'établir sera comme une tache d'huile féconde qui s'étendra et gagnera le désert.

Il est bien certain que ce n'est pas dès la première étape que les postes du Cardinal auront atteint leur zone effective d'attraction sur les esclaves. En réalité l'œuvre ne pourra réussir que concurremment avec l'établissement du railway; sans la locomotive son avortement est presque certain, tandis que pour l'établissement de la ligne l'installation préalable de cet ordre militaire, sur le tracé probable le long de l'Ighraghrar, devient d'un aide incontestablement précieux.

Sans doute, quand la voie ferrée sillonnera le désert et que sur certains points propices on verra s'élever les koubas prospères de l'Éminence des pères blancs, beaucoup crieront « au privilège » et jaseront de spéculation. Que ceux-là soient dès à présent les ouvriers d'avant-garde; qu'à leurs risques, qu'au péril de leurs jours, ils affrontent ces solitudes, et comme les « Frères armés » ils jouiront des avantages que se créent partout et à juste titre les premiers occupants.

L'adduction des travailleurs nègres en Algérie, qui sera la conséquence naturelle de l'œuvre du Cardinal, résoudra du même coup la plus importante des difficultés auxquelles se heurte la question agricole — le manque de bras aptes au travail de la terre.

Il n'est pas un agriculteur qui ne se soit trouvé aux prises avec cet obstacle.

Ce ne sont pas les ouvriers sans travail des villes qui consentent à venir aux champs et qui peuvent fournir, d'une façon utile et soutenue, le dur labeur agricole. L'emploi des nègres pour l'agriculture algérienne ne compliquera donc, en aucune sorte, la question sociale. D'autre part, la main-d'œuvre arabe ou kabyle n'est pas toujours disponible ; ces ouvriers terriens ne s'attachent jamais à la terre ; ils n'ont d'autre souci que de regagner leurs *decheras* ou leurs tentes, dès qu'ils ont de quoi vivre quelques mois. De là, ce manque de goût au travail, cette paresse, cette absence de soins qui se révèle dans tous leurs actes et qui occasionne pour les colons des frais considérables, par détérioration d'outillage, par gaspillage de tout ce qui passe par leurs mains. Il est à présumer que les nègres transplantés de régions lointaines, rompus à la fatigue comme à la chaleur, heureux d'un sort clément, inespéré, n'auront pas ces défauts de la race indigène, défauts pour ainsi dire incorrigibles et qui rendent en réalité toute exploitation rationnelle, toute culture intensive ou simplement soignée, impossibles dans la majeure partie des cas. Le résultat contraire est d'autant plus à espérer avec la main-d'œuvre des noirs que, dans le Sud Algérien, ils donnent la preuve de leur aptitude agricole. Les oasis les plus prospères sont, en effet, généralement peuplées, possédées et cultivées par des nègres provenant des anciens esclaves achetés autrefois par les Arabes et que la conquête a fait libres. Ils semblent aimer autant la terre qu'ils cultivent que l'Arabe paraît la mépriser, si ce n'est pour l'appauvrir et la dévaster.

A ce point de vue, l'œuvre du cardinal, féconde en résultats pratiques et probables, devient éminemment utile et algérienne. Elle mérite, à ce titre, l'approbation des colons.

D'autre part, le mouvement d'immigration des nègres ainsi provoqué, ne laissera pas d'être avantageux sous le rapport de la sécurité à établir dans le Sud. La formation de régiments nègres çahariens, sur la fidélité desquels il sera absolument permis de compter, deviendra par ce fait réalisable. Aux Kabyles, aux Arabes toujours à l'état latent d'insurrection, aux Touareg sans cesse en campagne nous pourrons opposer des contingents nécessairement dévoués, instinctivement hostiles à nos ennemis : avec eux, les routes du Sud seront désormais libres et l'ère des trahisons close.

La guérison des malades a de tout temps vivement frappé l'imagination des peuples et donné aux habiles dans l'art de soigner un ascendant puissant. Aussi bien dans ce but que dans une pensée charitable, humanitaire, le Cardinal n'a pas négligé ce moyen pacifique d'action. A cet effet, il a prévu pour chaque poste-asile de sa ligne d'étapes vers le pays des esclaves, l'installation d'une infirmerie et d'un personnel suffisamment instruit dans la science médicale : à cette heure ce recrutement est assuré, car depuis la création de l'ordre, un professeur de la Faculté fait régulièrement un cours élémentaire de médecine théorique et pratique aux futurs pionniers destinés aux fonctions d'officier de santé.

Tout est du reste remarquablement prévu dans l'organisation de l'œuvre. Le principe fécond de la division du travail s'y trouve strictement observé. La corporation est donc divisée en sections spéciales ayant chacune son objectif déterminé : la section des *infirmiers* chargée du soin des malades et de tout ce qui concerne l'hygiène ; la section des *artisans* dont les fonctions embrassent tout ce qui a rapport à la construction, aux réparations, aux terrassements et qui comprend des maçons, des charpentiers, des puisatiers, des mécaniciens, etc.; la section des *agriculteurs* qui plantera, sèmera, récoltera, créera ces oasis qui changeront plus tard la face du désert, et qui dans l'heure présente, donneront aux pionniers les produits nécessaires à leur alimentation.

Des sous-sections doivent pourvoir au recrutement de certaines fonctions particulières, à celle des chasseurs, par exemple, et à d'autres emplois de la vie organique de l'institution, chaque membre de l'ordre choisissant du reste sa spécialité, et s'engageant selon ses aptitudes, après noviciat, pour une période de cinq ans.

A quelque groupe que le pionnier appartienne, tout Frère armé se devant à la défense commune, se trouve dans l'obligation de connaître ou d'apprendre au sein de l'Ordre le maniement des armes. Des chefs militaires sont affectés à ce soin. On comprend qu'il ne s'agit pas ici de former un corps de reîtres battant l'estrade pour batailler et conquérir, mais simplement une garde protectrice ayant pour objet spécial de parer aux attaques possibles des brigands du Çahara.

La force des hordes çahariennes, des djychs touareg particulièrement, réside dans leur extrême mobilité, fonction immédiate de leur mode de vie. Le Cardinal a très nettement saisi que pour combattre à armes égales il était nécessaire d'imposer à ses pionniers toutes les habitudes de la vie nomade, sans laquelle il n'est pas possible de s'avancer sûrement au désert. Les « Frères armés » ne consommeront donc que ce qu'il est possible de se procurer dans le Çahara. Ils suppléeront généralement au pain par les dattes sèches selon la mode bédouine; la viande leur sera fournie, conformément aux usages du désert, soit par leurs troupeaux de chameaux, de moutons ou de chèvres, soit par les produits des chasses exécutées par la sous-section des chasseurs.

La même idée a présidé à l'adoption de l'uniforme des Frères, le même principe a guidé la rédaction des plans d'habitation. D'une façon générale toutes les prescriptions réglant la vie de l'Ordre concordent avec les nombreuses exigences de la vie çaharienne, et témoignent pour celui qui les a rédigées d'une connaissance parfaite de la situation exacte des choses.

Dans de telles conditions, l'entreprise du Cardinal comporte incontestablement des éléments nombreux de succès; son but élevé, en même temps qu'utile, mérite l'approbation unanime de tous ceux qui sans distinction d'Église, veulent l'expansion, la grandeur de la France : ce sera l'acte glorieux de l'Éminence des Pères blancs.

Il suffit de lire la Règle des « Frères Armés » pour

apprécier combien sont injustes et mal fondées les critiques qu'on leur adresse, puisque leurs détracteurs en arrivent jusqu'à dénaturer complètement le but de l'institution. Les actes accomplis jusqu'à ce jour par le Cardinal suffisent certainement à le justifier contre tout procès de tendance. Qu'on jette seulement un coup d'œil sur les écoles en Kabylie ; y voit-on quelque part dressée menaçante, la croix contre le croissant ? Non, assurément, partout, au contraire la tolérance est telle, la direction à ce point intelligente, que chez les Pères blancs les élèves abondent alors que les bâtiments de l'État sont presque déserts ! Qu'on nous accuse de cléricalisme si l'on n'a pas d'autre réponse ; nous n'en aurons pas moins dit la vérité en affirmant que le prosélytisme catholique des auxiliaires du Cardinal ne s'exercera jamais que dans les limites compatibles avec les nécessités politiques qui conviennent à un État possédant quatre millions de sujets musulmans. Aussi bien sur ce point, les opinions peuvent être diverses, car beaucoup se demandent si, par ce fait que chez les musulmans, la loi et la religion s'enchevêtrent dans le même Livre et sous prétexte du droit imprescriptible de la liberté de penser, il faut indéfiniment tolérer un état de choses contraire à notre domination, un code à la fois théologique et politique en opposition avec les principes fondamentaux de la société moderne, un mode indéterminé qui est la pétrification fatale de la civilisation et du progrès.

Les Révérends de la Grande-Bretagne s'en vont la Bible à la main conquérant le monde au royaume de Sa Majesté ; jusqu'à cette heure en Angleterre nul ne s'est avisé de leur faire un crime de joindre le négoce à la prédication ; on annexe ce qu'ils évangélisent : voilà comment on accueille outre-mer les efforts du patriotisme.

Les craintes de ceux qui redoutent de la part des « Frères Armés » quelques-uns de ces actes engageant l'honneur et la responsabilité de la France, nous semblent du reste sans raison d'être, car il s'agit ici de simples individualités, sans caractère officiel, d'explorateurs libres et dont la mort ou l'insuccès ne toucheraient vraisemblablement pas la majorité des gens au pouvoir.

Les Pères blancs et leur milice armée sont depuis plusieurs ans dans la région des Grands Lacs équatoriaux; ils n'ont pas jusqu'à présent causé de complications qui aient ému le monde politique, pas même quand ils sont venus en France, porteurs des cédules protectorales dont nous avons dit le déplorable avortement : c'est donc émettre une hypothèse fantaisiste et sans valeur que d'exposer comme argument au fonctionnement de l'œuvre les difficultés diplomatiques à venir.

L'Amérique, l'Angleterre se sont-elles à ce point inquiétés de Stanley, de son armée, de ses coups de force? Pourquoi donc, à ces pionniers du Çahara dont l'organisation connue, dont la Règle rigide offrent au contraire des garanties d'honnêteté, refuserait-on les droits qu'on admet pour tout groupe de caravaniers? On les traite d'aventuriers de bas étage! le blason il est vrai ne fait pas la noblesse; on peut descendre d'un chevalier de Malte, d'un comte de l'Empire et n'être qu'un triste vaurien : nous qui connaissons quelques-uns de ces nouveaux Hospitaliers, nous pouvions penser qu'on leur reprocherait plutôt l'élévation de leurs tendances. Ils vont là où personne ne s'offre, où nul n'a souci de prendre leur place : qui gêneront-ils? qui dépouilleront-ils? car nous imaginons bien que ce n'est point sérieusement que l'on traite de « pirate » un éminent Cardinal de France.

La colère, la haine qui sourdent de toutes parts contre les nouveaux chevaliers de Rhodes semblent d'autant plus vivaces qu'on n'a rien à leur reprocher, si ce n'est leur origine catholique qu'ils ont le droit et la crânerie d'arborer. Et nous, qui n'appartenons à aucune secte, nous jugeons équitable de les soutenir, parce que leur mission nous paraît belle, utile à la patrie ; nous estimons prudent de les défendre, car leur fondateur devient à cette heure le Palladium des aryens contre le heurt d'Israël à l'assaut.

M. V.

ALGER. — TYPOGRAPHIE ADOLPHE JOURDAN. — ALGER

Réseau Transçaharien

Ensemble des solutions proposées

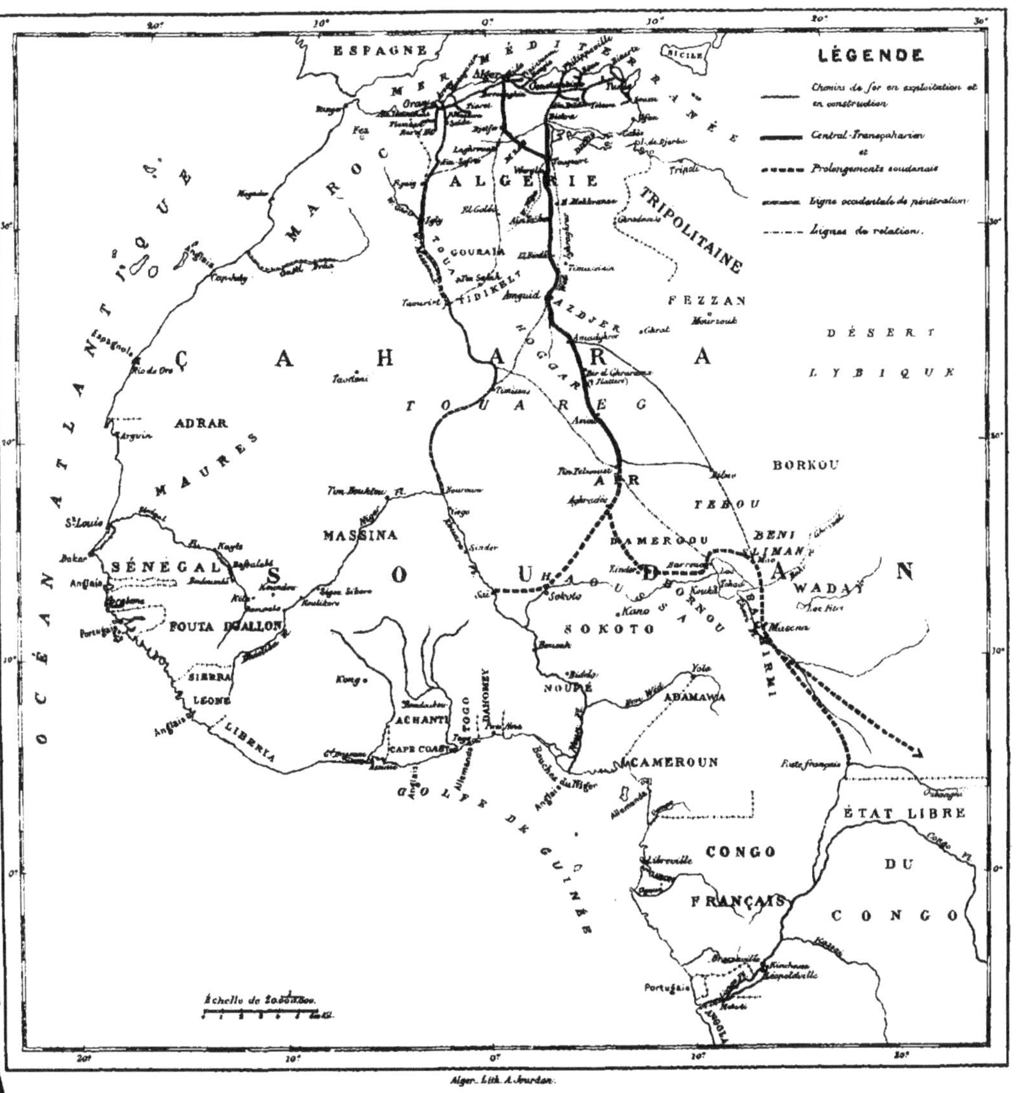